# ROTTERDAM

## REISEFÜHRER 2024

„Entdecken Sie das Herz Hollands: Ihr unverzichtbarer Begleiter zur Erkundung der niederländischen Kultur, Küche und verborgenen Schätze“

SCOTT MILLER

# INHALTSVERZEICHNIS

# PERSÖNLICHE ERFAHRUNG DES AUTORS

Als Autorin des Rotterdam Travel Guide 2024 begann meine Reise, die Essenz dieser pulsierenden niederländischen Stadt einzufangen, mit einem Sinn für Neugier und einer Leidenschaft für Erkundungen. Nachdem ich Rotterdam im Laufe der Jahre mehrmals besucht hatte, fühlte ich mich immer wieder von seiner dynamischen Energie, seinem Innovationsgeist und seinem reichen kulturellen Angebot angezogen. Bei jedem Besuch wurden neue Facetten der Persönlichkeit der Stadt enthüllt, von ihren ikonischen Wahrzeichen bis hin zu ihren verborgenen Schätzen, und ich fühlte mich inspiriert, meine Entdeckungen mit Mitreisenden zu teilen, die die Geheimnisse Rotterdams entdecken wollten.

Meine persönlichen Erfahrungen in Rotterdam waren geradezu transformativ, da ich das Privileg hatte, in die vielfältigen Viertel einzutauchen, Einheimische zu treffen und die Geschichten hinter den Wahrzeichen zu entdecken. Von gemütlichen Spaziergängen entlang der historischen Häfen bis hin zu aufregenden Radtouren durch üppige Parks hat jeder in Rotterdam verbrachte Moment einen unauslöschlichen Eindruck bei mir hinterlassen. Es ist eine Stadt, die mühelos Tradition mit Innovation verbindet, in der jahrhundertealte Windmühlen inmitten eleganter Wolkenkratzer aufragen und historische Museen mit hochmodernen Kunstinstallationen koexistieren.

Einer der unvergesslichsten Momente meiner Zeit in Rotterdam war die Gelegenheit, mit den Bewohnern in Kontakt zu treten und Einblicke in ihre Lebensweise zu gewinnen. Ob ich mit einem freundlichen Einheimischen in einem Café in der Nachbarschaft plaudere oder von einem leidenschaftlichen Museumskurator etwas über niederländische Bräuche erfahre, ich bin beeindruckt von der Herzlichkeit und Gastfreundschaft der Rotterdamer. Ihr Stolz auf ihre Stadt ist spürbar und ihre Begeisterung, ihre Schätze zu teilen, ist ansteckend und macht jede Interaktion zu einem unvergesslichen Erlebnis.

Durch meine Erfahrungen in Rotterdam habe ich nicht nur die berühmten Sehenswürdigkeiten der Stadt schätzen gelernt, sondern auch ihre weniger bekannten Ecken und versteckten Schätze. Vom Genuss köstlicher Stroopwafels auf einem belebten Markt bis zum Stolpern über eine lebendige Straßenkunstszene in einer ruhigen Gasse habe ich mich an den zufälligen Momenten erfreut, die meine Reisen bereichert haben. Diese unerwarteten Entdeckungen haben mich in meiner Überzeugung bestärkt, dass die wahre Essenz eines Reiseziels nicht nur in seinen Wahrzeichen liegt, sondern auch in den alltäglichen Momenten und Erlebnissen, die es lebendig machen.

Als ich mit dem Schreiben des Rotterdam-Reiseführers 2024 begann, war ich von dem Wunsch getrieben, den Geist dieser bemerkenswerten Stadt einzufangen und den Lesern eine umfassende Ressource für die Planung ihres eigenen Rotterdam-Abenteuers zur Verfügung zu stellen. Basierend auf meinen Erfahrungen aus erster Hand sowie den Erkenntnissen von Einheimischen und Mitreisenden habe ich einen Reiseführer zusammengestellt, der Rotterdams Vielfalt, Kreativität und Vitalität feiert. Egal, ob Sie zum ersten Mal hier sind und unbedingt die wichtigsten Sehenswürdigkeiten abhaken möchten, oder ein erfahrener Reisender, der abseits der ausgetretenen Pfade Erfahrungen machen möchte, ich hoffe, dass dieser Reiseführer Sie dazu inspirieren wird, Rotterdam neugierig und aufgeschlossen zu erkunden und ein Gefühl des Staunens.

Indem ich meine persönlichen Erfahrungen und Erkenntnisse teile, lade ich die Leser ein, sich auf ihre eigene Entdeckungsreise in Rotterdam zu begeben, wo jede Ecke ein Abenteuer verspricht und jede Begegnung die Möglichkeit bietet, Kontakte zu knüpfen. Ganz gleich, ob Sie sich für die reiche Geschichte der Stadt, ihre hochmoderne Architektur oder ihre blühende Kunst- und Kulturszene interessieren, Rotterdam hat für jeden Reisenden etwas zu bieten. Packen Sie also Ihre Koffer, begeben Sie sich auf Ihr eigenes Rotterdam-Abenteuer und lassen Sie sich von allem, was diese dynamische niederländische Stadt zu bieten hat, in den Bann ziehen.

# KAPITEL 1

# EINFÜHRUNG IN ROTTERDAM

Rotterdam liegt in der Provinz Südholland und ist eine Stadt, die ihr historisches Erbe nahtlos mit modernster Moderne verbindet. Als zweitgrößte Stadt der Niederlande ist Rotterdam ein Beweis für Widerstandsfähigkeit und Innovation und hat sich von einem kleinen Fischerdorf zu einem geschäftigen Zentrum des internationalen Handels und Handels entwickelt. Seine strategische Lage in der Nähe der Nordsee ist seit langem eine treibende Kraft für seinen wirtschaftlichen Wohlstand, und der Hafen von Rotterdam zählt zu den größten und verkehrsreichsten der Welt. Die Skyline der Stadt wird von markanten Beispielen zeitgenössischer Architektur dominiert, wie der ikonischen Erasmusbrücke und den innovativen Würfelhäusern, die als architektonische Wunderwerke und Symbole des zukunftsorientierten Geistes Rotterdams dienen. Doch inmitten der modernen Fassaden sind noch immer Spuren der geschichtsträchtigen Vergangenheit Rotterdams zu finden, die den Besuchern einen Einblick in das jahrhundertealte maritime Erbe und die kulturelle Entwicklung bieten.

Neben seiner beeindruckenden Skyline verfügt Rotterdam über eine dynamische Kulturszene, die die Vielfalt seiner Bevölkerung widerspiegelt. Von erstklassigen Museen und Galerien bis hin zu lebendiger Straßenkunst und multikulturellen Festivals bietet die Stadt eine reiche Vielfalt an künstlerischen Ausdrucksformen und kulturellen Erlebnissen. Besucher können das renommierte Museum Boijmans Van Beuningen erkunden, das eine umfangreiche Sammlung niederländischer und europäischer Kunst beherbergt, oder durch die vielseitigen Viertel Witte de Withstraat und Katendrecht schlendern, wo es viele trendige Cafés, Galerien und Theater gibt. Ob Sie in das pulsierende Nachtleben der Stadt eintauchen, die Aromen der vielfältigen kulinarischen Szene genießen oder einfach nur an der belebten Uferpromenade entlang schlendern – Rotterdam lädt Reisende ein, den einzigartigen Charme und die Energie zu entdecken, die diese dynamische Metropole ausmachen.

## Geschichte Rotterdams

Die Geschichte Rotterdams ist eine fesselnde Geschichte von Widerstandsfähigkeit, Innovation und Wandel, die sich über Jahrhunderte erstreckt. Rotterdam wurde im 13. Jahrhundert als bescheidenes Fischerdorf am Zusammenfluss von Rotte und Nieuwe Maas gegründet und legte aufgrund seiner strategischen Lage nahe der Nordsee den Grundstein für seine Entwicklung zu einer blühenden Hafenstadt. Im Spätmittelalter hatte sich Rotterdam zu einem wichtigen Akteur der Hanse entwickelt, einem mächtigen Handelsnetzwerk, das den Handel und den kulturellen Austausch in ganz Europa erleichterte. Der geschäftige

Hafen der Stadt wurde zu einem wichtigen Knotenpunkt für den Warentransport und zog Händler, Handwerker und Abenteurer aus nah und fern an.

Allerdings wurde Rotterdams glorreiche Geschichte während des Zweiten Weltkriegs jäh unterbrochen, als sich die Stadt im Zentrum eines der verheerendsten Bombenangriffe des Konflikts befand. Der berüchtigte Rotterdamer Blitz, der am 14. Mai 1940 von der Luftwaffe entfesselt wurde, verwüstete die Stadt und brachte Zerstörung und Chaos auf ihre Straßen. Die unerbittliche Bombardierung legte einen Großteil des historischen Stadtzentrums von Rotterdam in Schutt und Asche und hinterließ Tausende Tote, Verletzte oder Obdachlose. Wahrzeichen, die jahrhundertelang gestanden hatten, wurden in Schutt und Asche gelegt, und das einst blühende Herz der Stadt lag in Trümmern.

Doch aus der Asche der Zerstörung entstand ein Phönix der Hoffnung und Erneuerung, als Rotterdam nach dem Krieg mit einem monumentalen Wiederaufbau begann. Mit innovativer Stadtplanung und architektonischem Design machte sich die Stadt daran, ihre Stadtlandschaft für die Moderne neu zu gestalten und umzubauen. Der Geist der Widerstandsfähigkeit und Entschlossenheit, der Rotterdams Charakter prägte, strahlte deutlich, als Architekten, Planer und Bauherren unermüdlich daran arbeiteten, eine neue Vision für die Stadt zu entwerfen. Das Ergebnis war eine beeindruckende Mischung aus Alt und Neu, in der Überreste der Vergangenheit harmonisch mit eleganten, zeitgenössischen Strukturen koexistieren, die in den Himmel ragen.

Wenn Besucher heute durch die Straßen Rotterdams schlendern, werden sie von einem Stadtbild begrüßt, das eine Geschichte vom Triumph über Widrigkeiten erzählt. Der historische Stadtteil Delfshaven bietet mit seinen malerischen Kanälen, jahrhundertealten Lagerhäusern und bezaubernden Kopfsteinpflasterstraßen einen Einblick in Rotterdams maritimes Erbe. Hier können Besucher in die Seefahrervergangenheit der Stadt eintauchen, maritime Museen erkunden, historische Schiffe bewundern und frische Meeresfrüchte in Cafés am Wasser genießen. Mittlerweile ragen ikonische Wahrzeichen wie die Würfelhäuser und die eleganten Bögen der Erasmusbrücke über die Skyline hinaus und dienen als Symbole für Rotterdams zukunftsorientiertes Ethos und Modernität.

## Geografie und Klima

Die geografische Lage Rotterdams spielt eine entscheidende Rolle bei der Gestaltung seiner Identität als dynamische und geschäftige Hafenstadt. Rotterdam liegt im Westen der Niederlande und nimmt eine strategische Position am Rhein-Maas-Schelde-Delta ein, wo die Flüsse Rhein und Maas zusammenfließen, bevor sie in die Nordsee münden. Dieser erstklassige Standort hat Rotterdams Status als eine der geschäftigsten und wichtigsten Hafenstädte Europas gefestigt und den Warenaustausch und Handel auf globaler Ebene erleichtert. Das flache Gelände der Stadt, die sich kreuzenden Wasserstraßen und der weitläufige Hafen bilden den Grundstein für ihren wirtschaftlichen Wohlstand und ihre kulturelle Lebendigkeit und haben ihr den Spitznamen „Tor zu Europa" eingebracht.

Im Herzen Rotterdams liegt der ikonische Hafen, der vom maritimen Erbe und der internationalen Bedeutung der Stadt zeugt. Der Rotterdamer Hafen erstreckt sich über 40 Kilometer entlang der Nieuwe Maas und ist der größte in Europa und der achtgrößte der Welt. Jährlich werden Millionen Tonnen Fracht umgeschlagen. Von Containerterminals und Werften bis hin zu Industriekomplexen und Kreuzfahrtterminals herrscht im Hafen Tag und Nacht reges Treiben und dient als wichtige Verkehrsader für den globalen Handel und Transport. Rotterdamer Besucher können das geschäftige Treiben im Hafen hautnah erleben, indem sie eine Bootstour entlang der Wasserstraßen unternehmen oder das Schifffahrtsmuseum Rotterdam erkunden, wo Ausstellungen die reiche Seefahrtsgeschichte der Stadt zeigen.

Die Geographie Rotterdams zeichnet sich durch eine flache Topographie aus, ein charakteristisches Merkmal der niederländischen Landschaft. Das tief gelegene Gelände der Stadt ist das Ergebnis jahrhundertelanger Landgewinnungs- und Wasserbewirtschaftungsbemühungen, wobei große

Teile des Stadtgebiets unterhalb des Meeresspiegels liegen. Rotterdams umfangreiches Netzwerk aus Kanälen, Flüssen und Wasserstraßen erleichtert nicht nur den Seehandel, sondern trägt auch zur landschaftlichen Schönheit und den Freizeitmöglichkeiten der Stadt bei. Einwohner und Besucher können entspannte Bootsfahrten durch die historischen Kanäle der Stadt genießen oder an den malerischen Uferpromenaden entlang schlendern und dabei den Panoramablick auf die Skyline und das geschäftige Treiben im Hafen genießen.

Rotterdams strategische Lage und maritime Infrastruktur werden durch das gemäßigte Meeresklima ergänzt, das durch die Nähe zur Nordsee beeinflusst wird. Das ganze Jahr über herrscht in der Stadt ein relativ mildes und gemäßigtes Wetter mit ausgeprägten Jahreszeiten, die durch gemäßigte Temperaturen und häufige Niederschläge gekennzeichnet sind. Die Sommer in Rotterdam sind normalerweise mild bis warm, mit Durchschnittstemperaturen zwischen 18 °C und 22 °C, was es zu einer idealen Zeit macht, um die Outdoor-Attraktionen und Cafés am Wasser der Stadt zu erkunden. Allerdings sollten Besucher mit gelegentlichen Regenfällen und bewölktem Himmel rechnen, da das Meeresklima oft unvorhersehbare Wetterverhältnisse mit sich bringt. Die Winter in Rotterdam sind im Allgemeinen kühl, mit Temperaturen um die 2°C bis 6°C, bei Kälteperioden fallen sie gelegentlich unter den Gefrierpunkt. Während es selten schneit, kann die Nähe der Stadt zur Nordsee zu kühlen

Winden und feuchten Bedingungen führen, was der städtischen Landschaft Rotterdams einen Hauch von winterlichem Charme verleiht.

Insgesamt spielen die Geographie und das Klima Rotterdams eine wesentliche Rolle bei der Gestaltung des Charakters und der Attraktivität der Stadt als lebendige Metropole. Von seiner strategischen Lage entlang des Rhein-Maas-Schelde-Deltas bis hin zu seinem gemäßigten Meeresklima und seinem geschäftigen Hafen bietet Rotterdam eine einzigartige Mischung aus natürlicher Schönheit, kulturellem Erbe und urbaner Innovation, die Besucher aus aller Welt immer wieder in ihren Bann zieht. Ob Sie die historischen Wasserstraßen erkunden, die moderne Skyline bewundern oder die kulinarischen Köstlichkeiten genießen – Rotterdam lädt Reisende ein, die dynamische Energie und reiche Vielfalt dieser ikonischen niederländischen Stadt zu erleben.

## Kultur und Lebensstil

Rotterdams Kulturlandschaft ist ein lebendiges Mosaik aus Vielfalt, Kreativität und Innovation und spiegelt die reiche Geschichte und den kosmopolitischen Charakter der Stadt wider. Von erstklassigen Museen und Galerien bis hin zu dynamischen Straßenkunstszenen und multikulturellen Festivals bietet Rotterdam eine Fülle an kulturellen Erlebnissen, die Besucher aus aller Welt fesseln und inspirieren.

Das Herzstück der Rotterdamer Kulturszene ist die beeindruckende Vielfalt an Museen und Galerien, die ein vielfältiges Spektrum an künstlerischen Ausdrucksformen und historischen Schätzen präsentieren. Unter diesen sticht das Museum Boijmans Van Beuningen als eine der angesehensten Kultureinrichtungen der Stadt hervor. Das Museum beherbergt eine umfangreiche Sammlung niederländischer und europäischer Kunst aus mehreren Jahrhunderten und bietet Besuchern eine Reise durch die Annalen der Kunstgeschichte. Von ikonischen Meisterwerken niederländischer Meister wie Rembrandt und Vermeer bis hin zu avantgardistischen Werken zeitgenössischer Künstler ist das Museum Boijmans Van Beuningen eine wahre Fundgrube an künstlerischer Inspiration und kulturellem Erbe.

Rotterdam verfügt über eine blühende Street-Art-Szene, die der städtischen Landschaft der Stadt ein dynamisches und zeitgenössisches Flair verleiht. Von farbenfrohen Wandgemälden, die Gebäudefassaden schmücken, bis hin zu skurrilen Installationen, die in versteckten Ecken versteckt sind, dienen Rotterdams Straßen als Open-Air-Galerie für lokale und internationale Künstler. Besucher können sich auf selbst geführte Rundgänge begeben, um diese lebendigen Street-Art-Juwelen zu entdecken, die Einblicke in den kulturellen Zeitgeist und den kreativen Geist der Stadt bieten.

Neben seiner bildenden Kunstszene ist Rotterdam auch für seine kulinarische Vielfalt und seine gastronomischen Köstlichkeiten bekannt. Die multikulturelle Bevölkerung der Stadt hat zu einem reichen Spektrum an Aromen und kulinarischen Traditionen beigetragen, was zu einer lebendigen Gastronomieszene geführt hat, die jeden Gaumen bedient. Von traditionellen niederländischen Köstlichkeiten wie Stroopwafels und Bitterballen bis hin zu exotischen Gerichten aus Surinam, Marokko und darüber hinaus ist Rotterdams kulinarische Landschaft ein Schmelztiegel der Kulturen und Küchen. Besucher können sich auf gastronomische Abenteuer durch die vielfältigen Viertel der Stadt begeben, Streetfood auf belebten Märkten probieren, in mit einem Michelin-Stern ausgezeichneten Restaurants speisen und sich in trendigen Cafés und Restaurants mit kulinarischen Köstlichkeiten aus aller Welt verwöhnen lassen.

Darüber hinaus ist Rotterdams Kulturkalender voll von Veranstaltungen und Festivals, die das vielfältige Erbe und die kreative Vitalität der Stadt feiern. Von Musikfestivals und Tanzaufführungen bis hin zu Filmvorführungen und Kunstausstellungen – in Rotterdam ist immer etwas los, um Besucher aller Interessen zu begeistern und zu unterhalten. Zu den Höhepunkten zählen das Rotterdam International Film Festival, das North Sea Jazz Festival und der Rotterdam Summer Carnival, die die dynamische Kulturszene und den lebendigen Gemeinschaftsgeist der Stadt präsentieren.

## Sich in Rotterdam fortbewegen

Dank des effizienten öffentlichen Verkehrssystems und der fußgängerfreundlichen Gestaltung ist die Navigation durch die pulsierende Stadt Rotterdam ein nahtloses Erlebnis. Mit einem ausgedehnten Netz von Straßenbahnen, Bussen und U-Bahnlinien, die vom Rotterdam Public Transport (RET) Unternehmen betrieben werden, haben Reisende einfachen Zugang zu allen Ecken der Stadt und darüber hinaus. Ganz gleich, ob Sie das historische Stadtzentrum erkunden oder einen Ausflug in die vielfältigen Viertel Rotterdams unternehmen – die Fortbewegung war noch nie so einfach.

Für diejenigen, die Rotterdam in ihrem eigenen Tempo erkunden möchten, ist Radfahren eine beliebte und umweltfreundliche Option. Mit einem ausgedehnten Netz von Radwegen, die sich kreuz und quer durch die Stadt ziehen, und bequemen Mietdiensten bietet Radfahren eine unterhaltsame und angenehme Möglichkeit, Rotterdams Sehenswürdigkeiten und Klänge zu erleben. Von gemütlichen Fahrten entlang der malerischen Uferpromenade bis hin zu belebten Straßen der Stadt – Radfahren ermöglicht es Reisenden, in die pulsierende Stadtlandschaft Rotterdams einzutauchen und gleichzeitig aktiv und umweltbewusst zu bleiben.

Das kompakte Stadtzentrum von Rotterdam ist hervorragend zu Fuß erreichbar, da viele

Sehenswürdigkeiten bequem zu Fuß voneinander erreichbar sind. Egal, ob Sie durch die belebten Straßen des Einkaufsviertels Lijnbaan schlendern, das historische Viertel Delfshaven erkunden oder die moderne Architektur des Wilhelminapier bewundern: Wenn Sie Rotterdam zu Fuß erkunden, können Sie in die reiche Vielfalt an Sehenswürdigkeiten, Klängen und Aromen der Stadt eintauchen in Ihrem eigenen Tempo.

Wenn es um öffentliche Verkehrsmittel geht, bietet Rotterdam eine Vielzahl praktischer Optionen, die den Bedürfnissen jedes Reisenden gerecht werden. Das Straßenbahnnetz der Stadt bietet einen effizienten und zuverlässigen Service und hält häufig an wichtigen Sehenswürdigkeiten, Einkaufsvierteln und Wohngebieten. Reisende können Einzelfahrkarten an Automaten an Straßenbahnhaltestellen kaufen oder sich für die praktische OV-chipkaart entscheiden, eine wiederaufladbare Smartcard, die eine nahtlose Fahrt mit allen öffentlichen Verkehrsmitteln in Rotterdam und darüber hinaus ermöglicht.

Das ausgedehnte Busnetz Rotterdams bietet weitere Verbindungen zu abgelegenen Stadtteilen und Vororten. Mit einer Reihe von Routen, die sowohl städtische als auch ländliche Gebiete bedienen, bieten Busse eine flexible und bequeme Möglichkeit, die vielfältigen Landschaften und Gemeinden Rotterdams zu erkunden. Reisende können an Bushaltestellen verfügbare Routenkarten und Fahrpläne einsehen oder ihre Reise mit dem Online-Reiseplaner des RET planen, um ein reibungsloses und stressfreies Reiseerlebnis zu gewährleisten.

Für längere Fahrten innerhalb der Stadt und darüber hinaus bietet das Rotterdamer U-Bahn-System schnelle und effiziente Verbindungen zu wichtigen Zielen in der gesamten Region. Da mehrere Linien kreuz und quer durch die Stadt verlaufen und bis in benachbarte Gemeinden reichen, ist die U-Bahn eine bequeme Option für Pendler und Reisende gleichermaßen. Ganz gleich, ob Sie zu Rotterdams berühmter Erasmusbrücke oder zum geschäftigen Markthal-Markt fahren oder in nahegelegene Städte wie Den Haag oder Delft fahren, mit der U-Bahn gelangen Sie schnell und bequem an Ihr Ziel.

# KAPITEL 2

# TOP-ATTRAKTIONEN IN ROTTERDAM

Die Skyline von Rotterdam ist mit architektonischen Wunderwerken und ikonischen Wahrzeichen geschmückt, die die Fantasie von Besuchern aus aller Welt anregen. Das Kronjuwel der Stadt, die Erasmusbrücke, überspannt mit ihrem eleganten und modernen Design den Fluss Nieuwe Maas und bietet einen Panoramablick auf den geschäftigen Hafen und das pulsierende Stadtbild. Die Brücke, die wegen ihrer anmutigen Silhouette auch liebevoll „Schwan" genannt wird, ist nicht nur eine Meisterleistung der Ingenieurskunst, sondern auch ein Symbol für Rotterdams Widerstandsfähigkeit und Innovation. Eine weitere Sehenswürdigkeit, die man unbedingt besuchen muss, ist die Markthal, ein kulinarisches und architektonisches Wunderwerk im Herzen der Stadt. Die vom renommierten Architekturbüro MVRDV entworfene hufeisenförmige Struktur der Markthal ist mit einem faszinierenden Kunstwerk geschmückt, das die Decke mit einem farbenfrohen Mosaik aus Früchten, Gemüse und Blumen bedeckt. Im Inneren können Besucher einen geschäftigen Lebensmittelmarkt erkunden, der eine verlockende Auswahl an frischen Produkten, lokalen Spezialitäten und internationalen Delikatessen bietet und ihn zu einem gastronomischen Paradies macht, das Rotterdams vielfältiges kulinarisches Erbe widerspiegelt.

Rotterdam verfügt auch über eine Fülle kultureller Attraktionen, die die reiche Geschichte und den kreativen Geist der Stadt widerspiegeln. Der Rotterdamer Zoo im grünen Stadtteil Blijdorp beherbergt eine vielfältige Tierwelt aus der ganzen Welt und bietet Besuchern eine spannende Reise durch verschiedene Themenbereiche und Lebensräume. Von der majestätischen afrikanischen Savanne bis zur bezaubernden Amazonica-Ausstellung bietet der Zoo lehrreiche und unterhaltsame Erlebnisse für Besucher jeden Alters. Für einen Panoramablick auf die Stadt und darüber hinaus bietet der Euromast Tower mit seinen Aussichtsplattformen und adrenalingeladenen Aktivitäten ein aufregendes Abenteuer. Ganz gleich, ob Sie im gläsernen Aufzug des Turms in schwindelerregende Höhen aufsteigen oder in seinem Gourmetrestaurant Gourmetküche genießen, der Euromast Tower bietet eine einzigartige Perspektive auf die Skyline und Umgebung von Rotterdam. Im Wesentlichen bieten Rotterdams Hauptattraktionen eine fesselnde Mischung aus Geschichte, Kultur und Abenteuer, die Reisenden, die diese pulsierende niederländische Metropole erkunden möchten, eine unvergessliche Reise versprechen.

## Erasmus-Brücke

Die Erasmusbrücke ist ein ikonisches Symbol für Rotterdams Modernität und Innovation und ziert mit ihrer anmutigen Silhouette und ihrem markanten Design die

Skyline der Stadt. Die Brücke überspannt den majestätischen Fluss Nieuwe Maas und dient als wichtige Verkehrsader, die die Nord- und Südhälfte Rotterdams verbindet. Sie erleichtert den Verkehrs- und Fußgängerfluss und dient gleichzeitig als Leuchtturm architektonischer Exzellenz. Die vom renommierten Architekten Ben van Berkel entworfene und 1996 fertiggestellte Erasmus-Brücke ist ein Beweis menschlichen Einfallsreichtums und technischen Könnens. Sie verfügt über einen dramatischen asymmetrischen Pylon und eine elegante Schrägseilkonstruktion, die die Fantasie aller Betrachter anregen.

Die Erasmus-Brücke wird von den Einheimischen wegen ihrer Ähnlichkeit mit einem eleganten fliegenden Vogel liebevoll „Schwan“ genannt. Sie ist mehr als nur ein Transportmittel. Es ist ein beliebtes Wahrzeichen und eine kulturelle Ikone, die einen besonderen Platz im Herzen der Einwohner und Besucher Rotterdams einnimmt. Von ihrem Aussichtspunkt hoch über dem Fluss bietet die Brücke einen atemberaubenden Panoramablick auf Rotterdams geschäftigen Hafen, die Uferpromenaden und die berühmte Skyline und bietet so eine einzigartige Perspektive auf die Stadtlandschaft der Stadt. Ob aus der Ferne oder aus der Nähe betrachtet, die Erasmusbrücke strahlt einen Hauch von Majestät und Erhabenheit aus, der bei jedem, der ihr begegnet, einen bleibenden Eindruck hinterlässt.

Für Fußgänger und Radfahrer bietet die Erasmusbrücke eine malerische und gemütliche Überquerung, die es ihnen ermöglicht, in die pulsierende Atmosphäre Rotterdams einzutauchen und gleichzeitig die Sehenswürdigkeiten und Klänge der Stadt zu genießen. Die weitläufigen Fuß- und Fahrradwege der Brücke bieten Reisenden ausreichend Platz zum Spazierengehen, Joggen oder Radfahren in ihrem eigenen Tempo und bieten Möglichkeiten für Bewegung, Entspannung und Erkundung inmitten der geschäftigen städtischen Umgebung. Während Fußgänger das elegante und moderne Deck der Brücke überqueren, haben sie einen ungehinderten Blick auf Rotterdams architektonische Wahrzeichen, darunter die Würfelhäuser, die Markthalle und die hoch aufragenden Wolkenkratzer, die die Skyline dominieren.

Wenn der Tag zur Nacht wird, erlebt die Erasmus-Brücke eine atemberaubende Verwandlung, getaucht in den warmen Schein lebendiger LED-Lichter, die ihre Kabel und Pylonen beleuchten und ein strahlendes Spiegelbild auf das ruhige Wasser darunter werfen. Die Brücke wird zu einem Leuchtfeuer aus Licht und Farbe und lockt Besucher von nah und fern an, um Zeuge ihres schillernden Schauspiels zu werden und unvergessliche Fotos vor dem Hintergrund der Stadtlandschaft aufzunehmen. Ob vom Flussufer, von Uferpromenaden oder von nahegelegenen Aussichtspunkten aus betrachtet, bietet die beleuchtete Erasmusbrücke ein faszinierendes Spektakel, das

Rotterdams dynamische Energie und Innovationsgeist symbolisiert.

## Markthalle

Die Markthal ist ein Beweis für Rotterdams Innovationsgeist und kulturelle Lebendigkeit und fasziniert Besucher mit ihrer schillernden Mischung aus Essen, Kunst und Architektur. Eingebettet im Herzen des geschäftigen Markthallenviertels lädt dieses architektonische Wunderwerk Reisende zu einer unvergleichlichen kulinarischen Reise ein. Die vom visionären Architekturbüro MVRDV entworfene und 2014 fertiggestellte Markthal verfügt über eine markante hufeisenförmige Struktur, die in ihren hoch aufragenden Bögen einen belebten Marktplatz, Wohnwohnungen, Geschäfte und Restaurants umhüllt. Sein kühnes und modernes Design bildet einen auffälligen Kontrast zu den historischen Gebäuden, die es umgeben, und macht es zu einem Mittelpunkt der Stadtlandschaft Rotterdams und zu einem Muss für Einheimische und Touristen gleichermaßen.

Beim Betreten der Markthal erwartet die Besucher ein atemberaubender Anblick, der die Fantasie anregt und die Sinne anregt. Die Decke der Markthalle erstreckt sich wie ein leuchtender Farbbaldachin und ist mit einem faszinierenden Kunstwerk mit dem Titel „Horn of Plenty“ des niederländischen Künstlers Arno Coenen geschmückt. Dieses überlebensgroße Wandgemälde erstreckt sich über beeindruckende 11.000

Quadratmeter und zeigt einen reichhaltigen Wandteppich aus Früchten, Gemüse und Blumen in einem schillernden Mosaik aus Farben und Mustern. Inspiriert von der Fülle der Natur und dem multikulturellen Erbe der Stadt, dient das Kunstwerk als Hommage an die kulinarische Vielfalt und den kreativen Geist Rotterdams und lädt Besucher ein, in eine Welt voller Geschmack und Flair einzutauchen.

Wenn Besucher über den belebten Marktplatz der Markthalle schlendern, werden sie von einer Sinnessymphonie aus Anblicken, Geräuschen und Gerüchen begrüßt, die die Geschmacksknospen verwöhnen und den Appetit wecken. Von frischen Produkten und lokalen Köstlichkeiten bis hin zu internationalen Spezialitäten und handwerklich hergestellten Leckereien bieten die Marktstände eine vielseitige Auswahl an kulinarischen Köstlichkeiten, die für jeden Gaumen und jede Vorliebe etwas bieten. Besucher können frisch gebackenes Brot, hausgemachten Käse, aromatische Gewürze und exotische Früchte probieren oder sich süße Leckereien wie Stroopwafels, Macarons und holländisches Gebäck gönnen. Für diejenigen, die eine reichhaltigere Mahlzeit bevorzugen, servieren die verschiedenen Lokale und Restaurants des Marktes eine köstliche Auswahl an Gerichten aus der ganzen Welt, von mediterranen Mezze und Sushi bis hin zu spanischen Tapas und niederländischen Klassikern. Ob Sie im Freien auf der Außenterrasse des Marktes speisen oder eine gemütliche Mahlzeit in einem der stilvollen Restaurants genießen, die Markthal bietet ein gastronomisches Erlebnis, das auf Schritt und Tritt begeistert und begeistert.

Über das kulinarische Angebot hinaus ist die Markthal auch ein Zentrum für Aktivität und Kreativität und bietet das ganze Jahr über zahlreiche Veranstaltungen, Workshops und kulturelle Darbietungen. Von Food-Festivals und Kochvorführungen bis hin zu Kunstausstellungen und Live-Musikkonzerten ist in der Markthal immer etwas los, um Besucher jeden Alters zu begeistern und zu unterhalten. Die zentrale Lage und die lebendige Atmosphäre des Marktes machen ihn zu einem beliebten Treffpunkt für Einheimische und Touristen gleichermaßen und fördern ein Gemeinschafts- und Kameradschaftsgefühl, das den Geist Rotterdams widerspiegelt.

## Rotterdamer Zoo

Der Rotterdamer Zoo, auch bekannt als Diergaarde Blijdorp, ist ein Paradies für Tierliebhaber und Naturliebhaber, die ein umfassendes Erlebnis inmitten einer vielfältigen Vielfalt an Tierarten und Lebensräumen suchen. Dieser weitläufige zoologische Park im grünen Rotterdamer Stadtteil Blijdorp erstreckt sich über 25 Hektar und beherbergt über 2.000 Tiere, die mehr als 180 Arten aus der ganzen Welt repräsentieren. Von majestätischen Löwen und verspielten Pinguinen bis hin zu anmutigen Giraffen und farbenfrohen Schmetterlingen bietet der Rotterdamer Zoo seinen

Besuchern eine fesselnde Reise durch die Wunder der Natur und fördert eine tiefere Verbindung zur Tierwelt und zu Naturschutzbemühungen.

Eines der Highlights des Rotterdamer Zoos ist das Oceanium, eine hochmoderne Wasserausstellung, die Besucher in die Tiefen der Weltmeere entführt. Das Oceanium ist Europas größte Indoor-Meeresausstellung und beherbergt eine vielfältige Vielfalt an Meereslebewesen, darunter Haie, Rochen, Meeresschildkröten und tropische Fische. Besucher können die lebhaften Korallenriffe, geschäftigen Fischschwärme und anmutigen Meeresbewohner bestaunen, während sie die verschiedenen Themenbereiche erkunden, darunter den Coral Reef Tunnel, die Shark Lagoon und die Open Ocean-Ausstellung. Mit immersiven Unterwasser-Beobachtungsbereichen und interaktiven Displays bietet das Oceanium einen faszinierenden Einblick in die Unterwasserwelt und die Bedeutung des Meeresschutzes.

Ein weiterer Bereich, den man im Rotterdamer Zoo unbedingt besuchen muss, ist die Afrikanische Savanne, wo Besucher sich auf ein Safari-Abenteuer begeben und die ikonische afrikanische Tierwelt in naturalistischen Lebensräumen beobachten können. Von riesigen Giraffen und majestätischen Löwen bis hin zu anmutigen Zebras und verspielten Erdmännchen bietet die afrikanische Savanne ein beeindruckendes Erlebnis, das Besucher in das Herz der afrikanischen

Wildnis entführt. Mit ausgedehnten Graslandschaften, Felsvorsprüngen und Wasserlöchern bietet der Lebensraum zahlreiche Möglichkeiten zur Tierbeobachtung und zum Fotografieren und ermöglicht es Besuchern, die Schönheit und Vielfalt der afrikanischen Ökosysteme aus nächster Nähe zu erleben.

Der Rotterdamer Zoo beherbergt eine Vielzahl thematischer Ausstellungen und Attraktionen, die die reiche Artenvielfalt der Natur zeigen. Die Amazonica-Ausstellung bietet Besuchern beispielsweise einen Einblick in die üppigen Regenwälder des Amazonasbeckens, wo sie inmitten von Wasserfällen und üppiger Vegetation exotischen Kreaturen wie Jaguaren, Affen und farbenfrohen Vögeln begegnen können. Der Schmetterlingsgarten hingegen lädt Besucher zu einem Spaziergang durch eine ruhige Oase voller tropischer Blumen und flatternder Schmetterlinge ein und bietet einen ruhigen Rückzugsort vom Trubel der Stadt.

Über seine vielfältigen Tierausstellungen hinaus engagiert sich der Rotterdamer Zoo für Bildungs- und Naturschutzbemühungen und bietet eine Reihe von Bildungsprogrammen, Führungen und interaktiven Erlebnissen an, die Besucher über die Bedeutung des Wildtierschutzes und des Umweltschutzes informieren und inspirieren sollen. Von lehrreichen Präsentationen und Fütterungssitzungen bis hin zu Führungen hinter die Kulissen und praktischen Aktivitäten bietet der

Rotterdamer Zoo Besuchern jeden Alters die Möglichkeit, etwas über die Natur und die Rolle zu lernen, die sie dabei spielen können, sie für zukünftige Generationen zu schützen.

## Euromast-Turm

Der Euromastturm erhebt sich hoch und stolz vor der Kulisse der Rotterdamer Skyline und ist ein architektonisches Wunderwerk und ein Leuchtfeuer urbaner Raffinesse. Der Euromast wurde 1960 zum Gedenken an die Gartenbauausstellung Floriade errichtet und ist seitdem zu einem festen Bestandteil des Rotterdamer Stadtbildes geworden. Er bietet Besuchern eine einzigartige Gelegenheit, die Stadt aus schwindelerregender Höhe zu erleben. Der Turm erreicht eine majestätische Höhe von 185 Metern und verfügt über mehrere Aussichtsplattformen, die einen Panoramablick auf Rotterdam, den geschäftigen Hafen und die malerische niederländische Landschaft dahinter bieten. Wenn Besucher mit dem verglasten Aufzug auf die Spitze des Turms steigen, werden sie mit atemberaubenden 360-Grad-Ausblicken verwöhnt, die die architektonischen Wahrzeichen, Uferpromenaden und lebhaften Viertel der Stadt zeigen und eine sowohl berauschende als auch aufregende Vogelperspektive bieten beeindruckend.

Einer der Höhepunkte eines Besuchs im Euromast Tower ist die Möglichkeit, inmitten der Wolken im Gourmetrestaurant zu speisen, das Gourmetküche mit spektakulärer Aussicht serviert. Das Restaurant befindet sich auf der obersten Aussichtsplattform des Turms und bietet einen eleganten und romantischen Rahmen für ein unvergessliches Essen oder einen besonderen Anlass. Gäste können die Aromen der niederländischen Küche genießen und dabei auf die funkelnden Lichter der Stadt blicken. Ganz gleich, ob Sie ein gemütliches Mittagessen oder ein romantisches Abendessen genießen, die Gäste im Euromast Tower werden mit einem unvergesslichen kulinarischen Erlebnis verwöhnt, das exquisite Küche mit unvergleichlichen Ausblicken verbindet und es zu einem Muss für Feinschmecker und Romantiker gleichermaßen macht.

Für Abenteuerlustige und Adrenalinjunkies bietet der Euromast Tower eine Reihe aufregender Aktivitäten, die das Herz höher schlagen lassen und den Adrenalinspiegel in die Höhe treiben werden. Vom Abseilen an der Außenseite des Turms bis hin zum Seilrutschen über die Skyline können Besucher den Nervenkitzel des Abstiegs aus schwindelerregenden Höhen erleben und dabei die atemberaubende Landschaft genießen. Mit erfahrenen Guides und modernster Sicherheitsausrüstung bieten diese adrenalingeladenen Aktivitäten eine einzigartige und unvergessliche Möglichkeit, den Euromast Tower zu erleben und Rotterdam aus einer ganz neuen Perspektive zu sehen. Ganz gleich, ob Sie Ihre Ängste überwinden oder auf der Suche nach einem unvergesslichen Abenteuer sind, die aufregenden Aktivitäten im Turm werden mit Sicherheit einen bleibenden Eindruck hinterlassen und Erinnerungen schaffen, die ein Leben lang anhalten.

# KAPITEL 3

# DIE MUSEEN VON ROTTERDAM ENTDECKEN

Die Kulturlandschaft Rotterdams ist ein Geflecht aus vielfältigen Museen, von denen jedes einen einzigartigen Einblick in die reiche Geschichte, das künstlerische Können und die Naturwunder der Stadt bietet. Das Museum Boijmans Van Beuningen gilt als Leuchtturm künstlerischer Exzellenz und beherbergt eine umfangreiche Sammlung niederländischer und europäischer Meisterwerke aus Jahrhunderten. Von den zeitlosen Werken von Rembrandt und Van Gogh bis hin zu zeitgenössischen Werken internationaler Künstler bieten die Galerien des Museums eine fesselnde Reise durch die Entwicklung von Kunst und Kultur. Unterdessen bietet das Schifffahrtsmuseum Rotterdam einen fesselnden Einblick in das Seefahrtserbe der Stadt mit interaktiven Ausstellungen, historischen Schiffen und Multimedia-Installationen, die Rotterdams Rolle als globales maritimes Kraftwerk veranschaulichen. Besucher können in die Welt der Seeleute und Kaufleute eintauchen, die Hafengeschichte der Stadt erkunden und an Bord historischer Schiffe das Leben auf See hautnah erleben.

Für Liebhaber zeitgenössischer Kunst und innovativer Ausstellungen ist die Kunsthal Rotterdam ein dynamisches Reiseziel, das die Grenzen des künstlerischen Ausdrucks verschiebt. Die vom renommierten Architekten Rem Koolhaas entworfene Kunsthalle bietet mit ihrer eleganten und modernen Architektur einen passenden Hintergrund für die ständig wechselnden Wechselausstellungen, die verschiedene Genres und Medien umfassen. Von zum Nachdenken anregenden Installationen bis hin zu innovativen Multimedia-Displays bietet die Kunsthal sowohl etablierten Künstlern als auch aufstrebenden Talenten eine Plattform, um ihre Werke zu präsentieren und auf neue und aufregende Weise mit dem Publikum in Kontakt zu treten. Schließlich lädt das Rotterdamer Naturhistorische Museum Besucher zu einer lehrreichen Reise durch die Wunder der Natur ein, mit interaktiven Ausstellungen, Dioramen und praktischen Aktivitäten, die die Artenvielfalt und die Ökosysteme der Erde feiern. Ob Sie antike Fossilien erkunden, lebensgroße Nachbildungen von Dinosauriern bestaunen oder exotische Arten im Schmetterlingsgarten entdecken – das Museum bietet ein unterhaltsames und informatives Erlebnis, das eine tiefere Verbindung mit der Natur fördert.

## Museum Boijmans Van Beuningen

Das im Herzen Rotterdams gelegene Museum Boijmans Van Beuningen ist ein Zeugnis des reichen kulturellen Erbes und künstlerischen Erbes der Stadt. Das 1849 gegründete Museum hat sich zu einer der führenden Kulturinstitutionen der Niederlande entwickelt und verfügt über eine umfangreiche Sammlung niederländischer und europäischer Meisterwerke, die Jahrhunderte künstlerischen Ausdrucks umfassen. Wenn Besucher durch die Türen treten, werden sie von einer Schatzkammer künstlerischer Schätze begrüßt, von Renaissance-Gemälden und Barock-Skulpturen bis hin zu modernistischen Designs und zeitgenössischen Installationen.

Zu den beeindruckenden Beständen des Museums gehören Werke einiger der berühmtesten Künstler der Geschichte, darunter unter anderem Rembrandt van Rijn, Vincent van Gogh, Hieronymus Bosch und Piet Mondrian. Das Museum Boijmans Van Beuningen ist bekannt für sein vielfältiges Spektrum an Kunstformen und Genres und bietet Besuchern einen umfassenden Überblick über die westliche Kunstgeschichte mit Galerien, die sich der Malerei, Bildhauerei, dekorativen Künsten und Design widmen. Zu den Höhepunkten der Sammlung des Museums gehört Rembrandts ikonisches Meisterwerk „Die Anatomiestunde des Dr. Nicolaes Tulp“, das eine Gruppe von Ärzten zeigt, die einen Leichnam sezieren, in einer dramatischen und eindrucksvollen Komposition, die die Meisterschaft des Künstlers mit Licht und Schatten demonstriert.

Ein weiteres herausragendes Stück in der Sammlung des Museums ist Vincent van Goghs lebendiges „Selbstporträt mit Strohhut“, eine eindrucksvolle Darstellung des Künstlers in seinem charakteristischen Stil, mit kräftigen Pinselstrichen und intensiven Farben, die seinen inneren Aufruhr und seine kreative

Leidenschaft einfangen. Das Gemälde ist eine ergreifende Erinnerung an van Goghs schwieriges Leben und bleibendes Erbe und berührt den Betrachter auf einer zutiefst persönlichen Ebene. Währenddessen stellt Salvador Dalís surreales Meisterwerk „Die Beständigkeit der Erinnerung" mit seinen schmelzenden Uhren und traumhaften Bildern konventionelle Vorstellungen von Zeit und Realität in Frage und lädt den Betrachter in die skurrile und rätselhafte Welt des Künstlers ein.

Das Museum Boijmans Van Beuningen veranstaltet ein dynamisches Programm aus Wechselausstellungen und Sonderveranstaltungen, die die neuesten Trends und Innovationen in der Welt der Kunst und Kultur präsentieren. Von Retrospektiven renommierter Künstler bis hin zu thematischen Gruppenausstellungen, die sich mit zeitgenössischen Themen und Ideen befassen, bietet das Museum eine vielfältige Auswahl an Erlebnissen, die jedem Interesse und jeder Neugier gerecht werden. Besucher können in immersive Installationen eintauchen, sich mit interaktiven Displays beschäftigen und an Workshops und Vorträgen teilnehmen, die von führenden Experten und Wissenschaftlern auf diesem Gebiet geleitet werden.

Über seine Rolle als Kulturinstitution hinaus spielt das Museum Boijmans Van Beuningen eine wichtige Rolle bei der Bewahrung und Förderung des künstlerischen Erbes und der kulturellen Identität Rotterdams. Durch seine Bildungsprogramme, Outreach-Initiativen und

Community-Partnerschaften möchte das Museum ein Publikum jeden Alters und jeder Herkunft in einen sinnvollen Dialog über Kunst und ihre Rolle in der Gesellschaft einbeziehen. Ob durch Führungen für Schulgruppen, praktische Workshops für Familien oder Vorträge für Erwachsene – das Museum ist bestrebt, eine tiefere Wertschätzung für die Künste zu fördern und zukünftige Generationen von Künstlern, Wissenschaftlern und Kulturbegeisterten zu inspirieren.

## Maritimes Museum Rotterdam

Das im historischen Rotterdamer Stadtteil Leuvehaven gelegene Maritime Museum Rotterdam ist ein Leuchtturm des maritimen Erbes und der Geschichte der Seefahrt und lädt Besucher zu einer fesselnden Reise durch die geschichtsträchtige Vergangenheit der Stadt als einer der weltweit führenden Häfen und maritimen Zentren ein. Wenn Besucher die Türen des Museums betreten, werden sie in eine Zeit der Entdeckungen, des Handels und des Abenteuers zurückversetzt, in der das Meer sowohl als Handelsstraße als auch als Tor zu fernen Ländern diente.

Die umfassenden Ausstellungen des Museums bieten einen umfassenden Überblick über Rotterdams maritimes Erbe und zeichnen die Entwicklung des Hafens der Stadt von seinen bescheidenen Anfängen bis zu seinem heutigen Status als einer der größten und verkehrsreichsten Häfen der Welt nach. Durch interaktive Displays, Multimedia-Installationen und historische Artefakte können Besucher mehr über die wichtigsten Meilensteine und Entwicklungen erfahren, die Rotterdams maritime Identität geprägt haben, vom Bau des ersten Hafens im 14. Jahrhundert bis zu den Modernisierungsbemühungen des 20. Jahrhunderts.

Einer der Höhepunkte des Schifffahrtsmuseums Rotterdam ist seine Sammlung von Modellschiffen, die einen faszinierenden Einblick in die Entwicklung der maritimen Technologie und des maritimen Designs im Laufe der Jahrhunderte bietet. Von aufwendigen maßstabsgetreuen Nachbildungen antiker Segelschiffe bis hin zu detaillierten Modellen moderner Frachtschiffe und Containerterminals zeigt die Sammlung des Museums die Vielfalt und den Einfallsreichtum der maritimen Ingenieurskunst und Handwerkskunst. Besucher können die komplizierte Takelage einer Galeone aus dem 17. Jahrhundert bestaunen, die schlanken Linien eines Dampfschiffs aus dem 19. Jahrhundert betrachten oder das Innenleben eines modernen Öltankers erkunden und so Einblicke in die Herausforderungen und Innovationen gewinnen, die die maritime Industrie seit jeher geprägt haben Geschichte.

Das Schifffahrtsmuseum Rotterdam verfügt außerdem über eine umfangreiche Sammlung an Navigationsinstrumenten, Werftwerkzeugen und maritimen Artefakten, die einen Einblick in das tägliche Leben der Seeleute und Kaufleute bieten, die einst Rotterdam ihr Zuhause nannten. Von Sextanten und

Chronometern bis hin zu Schiffstagebüchern und Navigationskarten stellen diese Artefakte greifbare Verbindungen zur Vergangenheit her und ermöglichen es den Besuchern, sich an Bord eines Schiffes vorzustellen, das zu fernen Küsten unterwegs ist oder auf der Suche nach Abenteuern durch tückische Gewässer navigiert.

Für diejenigen, die das Leben auf See hautnah erleben möchten, bietet das Maritime Museum Rotterdam die Möglichkeit, an Bord historischer Schiffe zu gehen, die im Hafen vor Anker liegen, darunter das legendäre Dampfschiff „SS Rotterdam". Einst das Flaggschiff der Holland-America-Linie, wurde die SS Rotterdam liebevoll restauriert und in ein schwimmendes Hotel und Museum umgewandelt, sodass Besucher die Decks, Kabinen und Maschinenräume erkunden und mehr über das goldene Zeitalter der Seefahrt erfahren können. Von der opulenten Pracht des First-Class-Speisesaals bis hin zur funktionalen Einfachheit der Mannschaftsunterkünfte bietet das Schiff einen faszinierenden Einblick in den Luxus und die Strapazen des Lebens an Bord eines Transatlantikdampfers.

## Kunsthal Rotterdam

Die im Herzen Rotterdams gelegene Kunsthal Rotterdam gilt als Leuchtturm zeitgenössischer Kunst und kultureller Erkundung und bietet Besuchern ein dynamisches und immersives Erlebnis, das die Grenzen des künstlerischen Ausdrucks verschiebt. Die vom renommierten Architekten Rem Koolhaas entworfene Kunsthal ist ein Zeugnis moderner Architektur mit ihren schlanken Linien, weitläufigen Räumen und innovativen Designelementen, die Form und Funktion nahtlos miteinander verbinden. Sobald sich Besucher dem Gebäude nähern, werden sie von der markanten Fassade begrüßt, die als Leinwand für digitale Kunstinstallationen und Projektionen dient und die Bühne für eine unvergessliche Reise durch die Welt der zeitgenössischen Kunst bereitet.

Beim Betreten der Kunsthal tauchen Besucher in eine Welt der Kreativität und Fantasie ein, in der traditionelle Grenzen zwischen Kunstformen und Medien aufgelöst werden und neue Möglichkeiten im Überfluss vorhanden sind. Die geräumigen Galerien des Museums bieten den perfekten Rahmen für vielfältige Wechselausstellungen, die die neuesten Trends und Innovationen in den Bereichen Malerei, Fotografie, Bildhauerei, Mode, Design und Multimedia-Kunst präsentieren. Von Solo-Retrospektiven etablierter Künstler bis hin zu Gruppenausstellungen, die aufstrebende Talente hervorheben, bietet die Kunsthal eine zum Nachdenken anregende und vielseitige Mischung künstlerischer Erlebnisse, die jedem Interesse und jeder Neugier gerecht wird.

Eines der Markenzeichen der Kunsthal ist ihr Engagement für die Präsentation vielfältiger Stimmen und Perspektiven, die die sich ständig verändernde Landschaft zeitgenössischer Kunst und Kultur widerspiegeln. Durch sein ständig wechselndes Ausstellungsangebot bietet das Museum Künstlern aus der ganzen Welt eine Plattform, auf der sie ihre einzigartigen Visionen teilen und mit dem Publikum in einen Dialog treten, Wahrnehmungen hinterfragen und Gespräche über drängende soziale, politische und ökologische Themen anregen können. Ganz gleich, ob Sie die komplizierten Pinselstriche eines Gemäldes, die innovativen Techniken einer Multimedia-Installation oder die provokanten Themen eines konzeptionellen Stücks erkunden, Besucher werden ermutigt, sich der Kunst mit einem offenen Geist und einem Geist der Neugier zu nähern und die Gelegenheit zu nutzen, ihren Horizont zu erweitern ihr Verständnis für die Welt um sie herum vertiefen.

Die Kunsthal bietet ein reichhaltiges Programm an Veranstaltungen, Vorträgen, Workshops und Bildungsaktivitäten, die das Besuchererlebnis weiter bereichern und ein Gemeinschaftsgefühl und Verbundenheit fördern. Von Künstlergesprächen und von Kuratoren geführten Führungen bis hin zu praktischen Workshops und interaktiven Installationen bietet das Museum Besuchern jeden Alters und jeder Herkunft die Möglichkeit, sich auf sinnvolle und wirkungsvolle Weise mit Kunst auseinanderzusetzen. Ob beim Besuch einer Vorlesung über zeitgenössische Kunsttheorie, der Teilnahme an einer Führung durch die aktuelle Ausstellung des Museums oder der Schaffung eigener Kunstwerke in einem praktischen Workshop: Besucher sind eingeladen, aktive Teilnehmer am künstlerischen Prozess zu werden und ihre eigenen Interpretationen und Erfahrungen zu gestalten .

Über ihre Rolle als Kulturinstitution hinaus spielt die Kunsthal eine wichtige Rolle bei der Förderung von Kreativität, Innovation und kulturellem Austausch innerhalb der lokalen Gemeinschaft und darüber hinaus. Durch seine Outreach-Initiativen, Partnerschaften mit örtlichen Schulen und Gemeindeorganisationen sowie die Zusammenarbeit mit Künstlern und Kulturinstitutionen aus der ganzen Welt möchte das Museum den Zugang zu Kunst und Kultur demokratisieren und sie integrativer und für Menschen aus allen Lebensbereichen zugänglicher machen. Durch die Interaktion mit einem vielfältigen Publikum und die Förderung von Dialog und Zusammenarbeit möchte die Kunsthal neue Generationen von Künstlern, Denkern und Kulturbegeisterten inspirieren und sicherstellen, dass Kunst ein lebendiger und integraler Bestandteil der Gesellschaft bleibt.

## Naturhistorisches Museum Rotterdam

Das Rotterdamer Naturhistorische Museum ist ein Leuchtturm der Bildung und Erkundung und lädt Besucher zu einer immersiven Reise durch die Wunder der Natur ein. Dieses familienfreundliche Museum im geschäftigen Stadtzentrum bietet eine fesselnde Erkundung der Artenvielfalt, der geologischen Formationen und der Ökosysteme der Erde und gewährt einen faszinierenden Einblick in das komplexe

Lebensnetz, das unseren Planeten trägt. Durch interaktive Ausstellungen, lebensechte Dioramen und Multimedia-Displays können sich Besucher jeden Alters auf eine Entdeckungsreise begeben, von den Tiefen des Ozeans bis zu den Höhen des Himmels, um die Vielfalt des Lebens auf der Erde zu erkunden und ein tieferes Verständnis dafür zu erlangen Vernetzung aller Lebewesen.

Einer der Höhepunkte des Rotterdamer Naturhistorischen Museums ist seine Sammlung prähistorischer Fossilien und antiker Artefakte, die einen Blick in die ferne Vergangenheit bieten und Licht auf die Entwicklung des Lebens auf der Erde werfen. Zu den wertvollen Besitztümern des Museums gehört eine lebensgroße Nachbildung eines Tyrannosaurus Rex-Skeletts, das mit seinen furchterregenden Kiefern und seinem massiven Rahmen die Besucher überragt und eine eindrucksvolle Erinnerung an die unglaubliche Vielfalt und Komplexität des prähistorischen Lebens darstellt. Neben Dinosauriern verfügt das Museum auch über eine beeindruckende Auswahl an Fossilien, darunter uralte Meeresbewohner, ausgestorbene Säugetiere und frühe Hominiden, und bietet einen umfassenden Überblick über die Evolutionsgeschichte der Erde und die Kräfte, die den Planeten über Millionen von Jahren geformt haben.

Ein weiteres Highlight des Rotterdamer Naturhistorischen Museums sind seine interaktiven Ausstellungen und praktischen Aktivitäten, die die

Besucher auf unterhaltsame und informative Weise ansprechen und ein tieferes Verständnis für die Natur und die Bedeutung von Naturschutzbemühungen fördern. Von interaktiven Ausstellungen, die die Prinzipien der Ökologie und Biodiversität veranschaulichen, bis hin zu praktischen Workshops, in denen Besucher ihre eigenen Fossilien herstellen oder Exemplare unter dem Mikroskop untersuchen können, bietet das Museum eine Fülle von Möglichkeiten zum Lernen und Entdecken. Besucher können auch den Schmetterlingsgarten des Museums erkunden, wo sie zwischen bunten Blumen und flatternden Schmetterlingen aus aller Welt spazieren gehen und die Schönheit und Wunder dieser zarten Geschöpfe aus nächster Nähe erleben können.

# KAPITEL 4

## ROTTERDAMS KULINARISCHE SZENE

Rotterdams kulinarische Szene ist ein lebendiges Spiegelbild der multikulturellen Bevölkerung der Stadt und ihres Status als Drehscheibe des internationalen Handels. Die niederländische Küche mit ihrer herzhaften und herzhaften Kost vermittelt einen Hauch von Tradition mit Gerichten wie Stroopwafels, Hering und Erwtensoep. Die kulinarische Landschaft der Stadt geht jedoch weit über die traditionelle niederländische Küche hinaus und bietet eine verlockende Auswahl an internationalen Aromen, die unterschiedliche Geschmäcker bedienen. Besucher können sich auf eine kulinarische Reise um die Welt begeben, ohne Rotterdam jemals verlassen zu müssen, und die reiche Vielfalt globaler Küchen erkunden, die in den Restaurants, Cafés und Lebensmittelmärkten der Stadt erhältlich sind.

Von den belebten Straßen der Witte de Withstraat bis zu den historischen Hallen der Markthal bietet Rotterdam eine Vielzahl an kulinarischen Erlebnissen für jede Stimmung und jeden Anlass. Ganz gleich, ob Sie auf der Suche nach mit einem Michelin-Stern ausgezeichnetem Feinschmeckerrestaurant oder zwanglosem Streetfood sind, Besucher können kulinarische Exzellenz und Innovation erwarten, die den dynamischen Geist Rotterdams widerspiegeln. Mit seinem vielfältigen kulinarischen Angebot, den lebhaften Lebensmittelmärkten und der innovativen Restaurantszene hat sich Rotterdam seinen Platz als erstklassiges Reiseziel für Feinschmecker und kulinarische Abenteurer aus der ganzen Welt verdient.

## Köstlichkeiten der niederländischen Küche

Kein Besuch in Rotterdam ist vollständig, ohne die kulinarischen Köstlichkeiten der niederländischen Küche zu genießen, die über eine reiche Vielfalt an Aromen und Traditionen verfügt, die von den Einheimischen seit Generationen geschätzt werden. Die niederländische Küche zeichnet sich durch ihre herzhafte und wohltuende Küche aus, wobei der Schwerpunkt auf frischen, saisonalen Zutaten und einfachen, rustikalen Zubereitungen liegt, die den natürlichen Geschmack der Zutaten hervorheben. Unter den vielen traditionellen Gerichten, die die Tische der Rotterdamer Restaurants und Märkte schmücken, stechen Stroopwafels als ikonische Süßspeise hervor, die die Essenz niederländischer kulinarischer Handwerkskunst einfängt. Diese köstlichen, mit Karamell gefüllten Waffelkekse sind in den gesamten Niederlanden ein beliebter Snack und keine Reise nach Rotterdam wäre komplett, ohne diese unwiderstehlichen Köstlichkeiten zu probieren.

Stroopwafels, was auf Englisch „Sirupwaffeln" bedeutet, bestehen aus zwei dünnen Schichten gebackenen Teigs, zwischen denen eine Karamellsirupfüllung liegt. Der Teig besteht typischerweise aus Mehl, Butter,

Zucker, Eiern und Hefe, die zu einem glatten und elastischen Teig vermischt werden, der dann ausgerollt und in Kreise geschnitten wird. Anschließend werden die Teigkreise im Waffeleisen goldbraun und knusprig gebacken, bevor sie horizontal halbiert und mit einem großzügigen Klecks warmen Karamellsirup gefüllt werden. Das Ergebnis ist ein süßes und zähes Konfekt, das die Sinne mit seinem reichen Karamellgeschmack und seiner sättigenden Textur erfreut. Rotterdamer Besucher finden Stroopwafels in örtlichen Bäckereien, Märkten und Fachgeschäften, wo sie oft frisch auf Bestellung zubereitet werden, sodass jeder Bissen ein himmlisches Erlebnis ist.

Eine weitere typische niederländische Delikatesse, die Rotterdam-Besucher unbedingt probieren müssen, ist Hering, ein beliebtes Fischgericht, das einen besonderen Platz in den Herzen der Einheimischen einnimmt und ein wesentlicher Bestandteil der niederländischen kulinarischen Kultur ist. Hering, der typischerweise roh oder eingelegt genossen wird, wird mit Zwiebeln und Gewürzgurken serviert und oft als Snack oder als Teil einer Mahlzeit gegessen. In Rotterdam gibt es überall in der Stadt Heringsstände, vor allem in den belebten Straßen und auf den Märkten, wo Händler den Passanten stolz ihre Waren präsentieren. Hier können Besucher fangfrischen Hering probieren, der fachmännisch filetiert und mit einer Prise Zwiebeln und einer würzigen Gurke serviert wird, sodass sie die delikaten Aromen dieser beliebten Meeresfrüchte-Delikatesse genießen können.

Eine der besten Möglichkeiten, Hering in Rotterdam zu genießen, ist ein Broodje Haring oder Heringssandwich, bei dem der rohe oder eingelegte Fisch zwischen weichen Brotscheiben und einem Klecks Soße serviert wird. Dieser einfache, aber sättigende Snack ist bei Einheimischen und Besuchern gleichermaßen beliebt und bietet einen köstlichen Vorgeschmack auf die niederländische kulinarische Tradition. Für diejenigen, die eine herzhaftere Mahlzeit bevorzugen, kann Hering auch in einer Vielzahl anderer Zubereitungen genossen werden, darunter geräuchert, gegrillt oder mariniert, wobei jede Zubereitung ihr eigenes, einzigartiges Geschmacksprofil und ihre eigene Textur bietet. Ob als schneller Snack für unterwegs oder als Teil einer gemütlichen Mahlzeit: Hering ist ein Muss für jeden Rotterdam-Besucher.

Ein weiterer niederländischer kulinarischer Genuss, der besonders an kalten Wintertagen die Seele wärmt, ist Erwtensoep, die niederländische Erbsensuppe. Diese herzhafte und aromatische Suppe ist in den Niederlanden ein beliebtes Hausmannskost und nimmt einen besonderen Platz im Herzen der Rotterdamer ein. Erwtensoep besteht aus Erbsen, Gemüse und geräucherter Wurst und ist eine dicke und herzhafte Suppe voller Geschmack und Nährstoffe. Die Suppe wird normalerweise mehrere Stunden lang langsam bei schwacher Hitze geköchelt, damit sich die Aromen vermischen und die Zutaten zart und aromatisch werden. Das Ergebnis ist ein reichhaltiges und sättigendes Gericht, das sich perfekt zum Aufwärmen an kühlen Tagen eignet und oft mit einer Scheibe knusprigem Brot oder Roggenbrot zum Dippen genossen wird.

In Rotterdam ist Erwtensoep auf den Speisekarten vieler lokaler Restaurants und Cafés zu finden, insbesondere in den kälteren Monaten, wenn seine herzhaften und wohltuenden Eigenschaften am meisten geschätzt werden. Besucher der Stadt finden Erwtensoep auch an Straßenständen und auf Märkten, wo es oft kochend heiß in Einwegbechern oder -schalen serviert wird und somit der perfekte Snack ist, den man beim Erkunden der Sehenswürdigkeiten und Attraktionen der Stadt genießen kann. Ob als schneller Muntermacher oder als gemütliche Mahlzeit, Erwtensoep ist ein köstliches und sättigendes Gericht, das einen Vorgeschmack auf niederländische kulinarische Tradition und Gastfreundschaft bietet.

## Internationale Aromen in Rotterdam

Rotterdams internationale kulinarische Szene ist ein Beweis für den Multikulturalismus und die Offenheit der Stadt gegenüber globalen Einflüssen. Vor der Kulisse der belebten Straßen und vielfältigen Viertel können Besucher eine gastronomische Reise um die Welt unternehmen, ohne jemals die Stadtgrenzen zu verlassen. Von nahöstlichen Kebabs bis hin zu surinamischen Roti – die Auswahl ist endlos und bietet eine vielfältige Auswahl an Geschmacksrichtungen und Küchen für jeden Gaumen und jede Vorliebe.

Eines der besten Reiseziele für internationale Küche in Rotterdam ist die geschäftige Witte de Withstraat. Diese lebhafte Straße im Herzen der Stadt ist ein Schmelztiegel der kulinarischen Vielfalt. Restaurants, Cafés und Bars säumen die Bürgersteige und bieten jeweils ein einzigartiges kulinarisches Erlebnis. Besucher können einen gemütlichen Spaziergang entlang der Witte de Withstraat unternehmen und die unzähligen gastronomischen Einrichtungen erkunden, von gemütlichen Bistros bis hin zu trendigen Lokalen. Auf der Straße herrscht Energie, während die Gäste im Freien speisen oder in Straßencafés Cocktails schlürfen und in die lebendige Atmosphäre der Rotterdamer Restaurantszene eintauchen.

Für diejenigen, die sich nach den kräftigen und exotischen Aromen des Nahen Ostens sehnen, bietet Rotterdam eine Fülle von Optionen, von traditionellen libanesischen Mezzes bis hin zu saftigen türkischen Kebabs. In Restaurants wie dem Bazar können Gäste eine Reihe nahöstlicher Köstlichkeiten genießen, darunter Hummus, Falafel und gegrilltes Fleisch, serviert in einem lebendigen und vielseitigen Ambiente, das an einen geschäftigen Basar erinnert. In türkischen Pizzerien wie dem Lahmacun Salonu hingegen wird köstliches Lahmacun serviert, ein dünnes und knuspriges Fladenbrot mit gewürztem Hackfleisch und frischen Kräutern, das einen Vorgeschmack auf authentisches türkisches Streetfood bietet.

Dank der großen surinamischen Gemeinde der Stadt ist Rotterdams kulinarische Landschaft auch von den Aromen der Karibik beeinflusst. Die surinamische Küche ist eine Mischung aus indischen, indonesischen, afrikanischen und niederländischen Aromen, was zu einer einzigartigen und lebendigen kulinarischen Tradition führt. In Restaurants wie Warung Mini können Gäste surinamische Spezialitäten wie Roti, ein herzhaftes Fladenbrot mit Curry-Hühnchen, Kartoffeln und Gemüse, oder Bara, eine frittierte Teigkugel gefüllt mit gewürztem Fleisch oder Gemüse, probieren. Diese Gerichte sind voller Geschmack und bieten einen verlockenden Einblick in die multikulturelle Vielfalt der surinamischen Küche.

Ein weiteres kulinarisches Juwel Rotterdams ist die blühende indonesische Gemeinschaft, die einen unauslöschlichen Eindruck in der kulinarischen Landschaft der Stadt hinterlassen hat. Die indonesische Küche ist für ihre kräftigen und aromatischen Aromen bekannt, mit Gerichten, die reich an Gewürzen und Kräutern sind. In Restaurants wie Satehuis können Gäste Rijsttafel genießen, ein traditionelles indonesisches Festmahl, das aus einer Vielzahl kleiner Gerichte besteht, die mit Reis serviert werden. Von Satay-Spießen und würzigen Sambals bis hin zu duftendem Rendang und knusprigem Krupuk bietet Rijsttafel eine sinnliche Reise durch die vielfältigen

Aromen der indonesischen Küche und ermöglicht es den Gästen, die komplexen und nuancierten Geschmäcker dieser kulinarischen Tradition zu genießen.

Rotterdams internationale kulinarische Szene beschränkt sich nicht nur auf die Straßen der Witte de Withstraat; In den Vierteln der Stadt gibt es außerdem eine vielfältige Auswahl an ethnischen Restaurants und gastronomischen Einrichtungen. In Gegenden wie Chinatown und Little Italy finden Besucher authentische chinesische bzw. italienische Küche, während im Bezirk Afrikaanderwijk afrikanische und karibische Aromen im Mittelpunkt stehen. Ob beim Erkunden der geschäftigen Märkte am Afrikaanderplein oder beim Essen in familiengeführten Restaurants – Besucher können das reiche kulinarische Erbe der vielfältigen Gemeinden Rotterdams erleben.

## Lebensmittelmärkte und lokale Delikatessen

Rotterdams Lebensmittelmärkte bieten ein Fest für die Sinne, das die kulinarische Vielfalt der Stadt feiert und eine Fülle an frischen Produkten, handwerklichen Produkten und internationalen Köstlichkeiten präsentiert. Unter den lebhaften Märkten der Stadt sticht die Markthal als Leuchtturm kulinarischer Exzellenz hervor und lockt Besucher mit ihrer atemberaubenden Architektur und dem vielfältigen Angebot an Essensständen an. Untergebracht in einem auffälligen hufeisenförmigen Gebäude, das mit farbenfrohen

Wandgemälden und Mosaiken geschmückt ist, ist die Markthal ein Fest für die Sinne und bietet ein Kaleidoskop an Aromen und Geschmäckern, die den kosmopolitischen Charakter Rotterdams widerspiegeln.

Im Inneren der Markthal werden die Besucher von einem geschäftigen Marktplatz begrüßt, auf dem geschäftiges Treiben herrscht: Verkäufer präsentieren ihre Waren und eifrige Käufer stöbern an den Ständen. Der Markt ist eine Fundgrube kulinarischer Köstlichkeiten. Die Händler bieten alles von frischen Produkten und handwerklich hergestelltem Käse bis hin zu Gourmet-Fleisch und internationalen Spezialitäten. Vor allem niederländische Käsesorten sind ein Highlight des Marktes. Die Anbieter bieten eine Reihe von Sorten an, von cremigem Gouda bis hin zu würzigem Edamer. Liebhaber von Meeresfrüchten werden sich auch über die Auswahl an frischem Fisch und Schalentieren auf dem Markt freuen. Die Händler bieten alles von Hering und Muscheln bis hin zu geräuchertem Lachs und Sushi.

Die Markthal bietet auch eine vielfältige Auswahl an internationalen Gerichten mit Anbietern, die kulinarische Traditionen aus der ganzen Welt repräsentieren. Spanische Tapas, marokkanisches Gebäck, türkische Köstlichkeiten und italienische Pasta sind nur einige der angebotenen Angebote, die es den Besuchern ermöglichen, sich auf eine kulinarische Weltreise zu begeben, ohne den Markt jemals verlassen zu müssen. Ganz gleich, ob Sie kleine Häppchen im belebten

Food-Court probieren oder eine gemütliche Mahlzeit in einem der Sitzrestaurants des Marktes genießen, die Besucher der Markthal werden von der Vielfalt an Geschmacksrichtungen und Aromen, die sie erwartet, mit Sicherheit begeistert sein.

Ein weiteres kulinarisches Juwel in Rotterdams Lebensmittelmarktszene ist die Fenix Food Factory im historischen Stadtteil Katendrecht. Diese angesagte und trendige Food-Halle bietet im Vergleich zur geschäftigen Markthal eine intimere und entspanntere Atmosphäre, wobei der Schwerpunkt auf handwerklichen Produkten und Zutaten aus der Region liegt. Besucher der Fenix Food Factory können eine Auswahl an Gourmet-Imbissständen durchstöbern, die eine Reihe von Produkten anbieten, darunter frisch gebackenes Brot, Bio-Fleisch, Craft-Biere und handwerklich hergestellten Käse. Die Händler des Marktes sind stolz auf ihr Handwerk und viele bieten handgefertigte Produkte an, die mit traditionellen Methoden und lokalen Zutaten hergestellt werden.

Einer der Höhepunkte der Fenix Food Factory ist die Auswahl an gemütlichen Cafés und Restaurants, in denen Besucher entspannen und eine Mahlzeit oder einen Snack genießen können, die aus frischen und schmackhaften Zutaten des Marktes zubereitet werden. Ob Sie ein herzhaftes Sandwich mit lokal geräuchertem Fleisch und frisch gebackenem Brot genießen, sich eine dekadente Käseplatte mit einem Glas Wein gönnen oder eine Auswahl an vor Ort gebrauten Bieren probieren –

Besucher der Fenix Food Factory werden mit einem verwöhnt kulinarisches Erlebnis, das das Beste aus Rotterdams lokaler Food-Szene feiert.

## Beste Cafés und Restaurants in Rotterdam

Rotterdams kulinarische Landschaft ist ebenso vielfältig wie lebendig und bietet eine Fülle von Cafés und Restaurants, die für jeden Gaumen und jede Vorliebe das Richtige bieten. Von mit Michelin-Sternen ausgezeichneten Gourmetrestaurants bis hin zu gemütlichen Nachbarschaftscafés bietet die Stadt eine Fülle an kulinarischen Erlebnissen, die ihre kulinarische Innovation und Kreativität unter Beweis stellen. Für diejenigen, die Rotterdams gastronomische Exzellenz probieren möchten, ist ein Besuch in einem der bestbewerteten Restaurants der Stadt ein Muss.

De Jong liegt im Herzen der Rotterdamer Innenstadt und ist ein leuchtendes Beispiel für die kulinarischen Fähigkeiten der Stadt. Dieses mit einem Michelin-Stern ausgezeichnete Restaurant bietet eine moderne Interpretation der traditionellen niederländischen Küche, wobei Chefkoch Jim de Jong jedes Gericht mit saisonalen Zutaten und einfallsreichen Geschmackskombinationen verfeinert. Die Gäste können Gerichte erwarten, die das reiche kulinarische Erbe der Niederlande würdigen und gleichzeitig moderne Techniken und internationale Einflüsse integrieren. Von delikaten Meeresfrüchte-Kreationen bis hin zu herzhaften Fleischgerichten ist jeder Teller im De

Jong ein Kunstwerk, sorgfältig zubereitet, um die Geschmacksknospen zu verwöhnen und die Sinne zu erfreuen.

Ein weiteres herausragendes Restaurant in Rotterdam ist das Restaurant Fitzgerald, das für seine innovative Herangehensweise an die französische Küche mit globalem Touch bekannt ist. Das im historischen Stadtteil Delfshaven gelegene Restaurant Fitzgerald bietet ein elegantes und gemütliches Ambiente, in dem die Gäste sorgfältig zubereitete Gerichte genießen können, bei denen die besten Zutaten und kulinarischen Techniken zum Einsatz kommen. Chefkoch Herman den Blijker und sein Team nehmen die Gäste mit auf eine kulinarische Reise mit einer Speisekarte, die kreative Interpretationen klassischer französischer Gerichte mit Aromen aus der ganzen Welt bietet. Von delikaten Fischgerichten bis hin zu üppigen Fleischgerichten ist jedes Gericht im Restaurant Fitzgerald ein Beweis für das Engagement des Küchenchefs für Exzellenz und kulinarische Kreativität.

Für diejenigen, die ein ungezwungeneres kulinarisches Erlebnis suchen, bietet Rotterdams Café-Szene eine Fülle von Optionen, in denen Besucher entspannen und eine gemütliche Mahlzeit oder einen Drink genießen können. Hopper Coffee im trendigen Viertel Oude Haven ist bei Einheimischen und Besuchern gleichermaßen beliebt und bietet Kaffeespezialitäten, köstliches Gebäck und herzhafte Brunchgerichte in einem stilvollen und einladenden Ambiente. Die warme und einladende Atmosphäre des Cafés, gepaart mit seinem Engagement für Qualität und Nachhaltigkeit, hat ihm eine treue Anhängerschaft eingebracht und es zu einem beliebten Ziel für Kaffeeliebhaber und Feinschmecker gleichermaßen gemacht.

Unterdessen bietet das Aloha Bar & Restaurant ein einzigartiges kulinarisches Erlebnis in einer einzigartigen Umgebung. Das Aloha Bar & Restaurant befindet sich in einem ehemaligen Schwimmbadkomplex mit Blick auf die Maas und kombiniert eine entspannte Atmosphäre mit Panoramablick und ist damit der perfekte Ort, um bei einem Drink zu entspannen und die Landschaft zu genießen. Die Speisekarte des Restaurants bietet eine Mischung aus internationalen und lokalen Gerichten, wobei der Schwerpunkt auf frischen, saisonalen Zutaten und kräftigen Aromen liegt. Gäste können aus einer Reihe kleiner Teller, Platten zum Teilen und Hauptgerichten wählen, die alle fachmännisch zubereitet und wunderschön präsentiert werden.

# KAPITEL 5

# OUTDOOR-AKTIVITÄTEN IN ROTTERDAM

Rotterdams Outdoor-Aktivitäten decken ein breites Spektrum an Interessen und Fitnessniveaus ab und stellen sicher, dass für jeden etwas dabei ist. Radsportbegeisterte werden Freude daran haben, das ausgedehnte Radwege- und Routennetz der Stadt zu erkunden, das malerische Ausblicke auf die Skyline, das Ufer und die umliegende Landschaft bietet. Ganz gleich, ob Sie auf dem Maas-Radweg radeln oder auf den bewaldeten Wegen des Kralingse-Bos-Parks unterwegs sind, Radfahren in Rotterdam ist eine fantastische Möglichkeit, die Sehenswürdigkeiten und Attraktionen der Stadt zu erkunden und gleichzeitig die frische Luft und die Schönheit der Natur zu genießen.

Für diejenigen, die ein entspannteres Outdoor-Erlebnis suchen, bieten Rotterdams Parks und Grünflächen ruhige Rückzugsorte, an denen Besucher sich entspannen und mit der Natur verbinden können. Der Het Park mit seinen gepflegten Rasenflächen und malerischen Spazierwegen bietet einen ruhigen Rückzugsort vom städtischen Trubel, während der Kralingse Bos Park Möglichkeiten zum Bootfahren, Angeln und Picknicken inmitten üppiger Vegetation und eines ruhigen Sees bietet. Egal, ob Sie einen gemütlichen Spaziergang genießen, Yoga im Park praktizieren oder einfach nur die Sonne mit einem guten Buch genießen, Rotterdams Außenbereiche bieten den perfekten Rahmen für Entspannung und Erholung inmitten der pulsierenden Energie der Stadt.

## Radwege und Routen

Rotterdam, eine Stadt, die für ihre moderne Architektur, ihren geschäftigen Hafen und ihre lebendige Kulturszene bekannt ist, zeichnet sich auch durch ihre starke Fahrradkultur aus. Mit einem ausgedehnten Netz an Radwegen und -routen bietet Rotterdam Radfahrern aller Niveaus die Möglichkeit, die Stadt und ihre Umgebung zu erkunden und dabei die frische Luft und die malerischen Ausblicke zu genießen. Ganz gleich, ob Sie ein erfahrener Radfahrer sind, der auf der Suche nach einer anspruchsvollen Radtour ist, oder ein Gelegenheitsradfahrer, der die Gegend in gemächlichem Tempo erkunden möchte, Rotterdams Radwege haben für jeden etwas zu bieten.

Eine der beliebtesten Fahrradrouten in Rotterdam ist der Maas-Radweg. Diese malerische Route folgt den Ufern der Maas und bietet Radfahrern atemberaubende Ausblicke auf die Skyline und das Ufer der Stadt. Während Sie den Fluss entlang radeln, haben Sie die Möglichkeit, berühmte Wahrzeichen wie die Erasmusbrücke und die Skyline von Rotterdam zu bewundern und gleichzeitig in die natürliche Schönheit der Flussufer einzutauchen. Der Maas-Radweg eignet sich perfekt für gemütliche Radtouren und

Besichtigungen und bietet unterwegs zahlreiche Möglichkeiten zum Anhalten und Erkunden von Parks, Cafés und anderen Sehenswürdigkeiten. Ganz gleich, ob Sie ein Rotterdam-Besucher oder ein Einheimischer sind, der auf der Suche nach einer malerischen Radtour ist, der Maas-Radweg bietet ein herrliches Fahrraderlebnis, das den Charme und die Schönheit der Stadt zeigt.

Für diejenigen, die ein intensiveres Outdoor-Erlebnis suchen, bietet der Kralingse Bos Park eine Oase der Ruhe inmitten der Stadtlandschaft von Rotterdam. Dieser weitläufige Park liegt im Herzen der Stadt und bietet ein Netz aus bewaldeten Wegen und Pfaden, die sich durch üppiges Grün und rund um einen malerischen See schlängeln. Radfahrer können die gewundenen Wege des Parks erkunden, vorbei an ruhigen Teichen, hohen Bäumen und friedlichen Wiesen. Der Kralingse Bos Park ist ein ideales Ziel für Naturliebhaber und Outdoor-Enthusiasten und bietet einen ruhigen Rückzugsort vom Trubel der Stadt. Egal, ob Sie auf der Suche nach einem anspruchsvollen Mountainbike-Abenteuer oder einer gemütlichen Fahrt durch malerische Landschaften sind, der Park bietet eine Vielzahl von Strecken für jedes Können und jede Vorliebe.

Das Engagement Rotterdams für das Radfahren zeigt sich in seiner fahrradfreundlichen Infrastruktur, die es Radfahrern erleichtert, sich in der Stadt und ihrer Umgebung zurechtzufinden. Spezielle Radwege durchziehen die Stadt und bieten Radfahrern sichere und bequeme Routen zum Erkunden. Darüber hinaus bietet Rotterdam in der gesamten Stadt einen Fahrradverleih an, sodass Besucher ganz einfach auf ein Fahrrad steigen und mit der Erkundung beginnen können. Ganz gleich, ob Sie den historischen Stadtteil Delfshaven erkunden, die berühmte Erasmusbrücke entlangfahren oder die Landschaft rund um Rotterdam erkunden möchten: Radfahren ist eine bequeme und unterhaltsame Möglichkeit, die vielfältigen Landschaften und Sehenswürdigkeiten der Stadt zu erkunden.

## Parks und Grünflächen

Rotterdam, das oft für seine moderne Architektur und seine lebendige Kulturszene gelobt wird, verfügt außerdem über eine beeindruckende Auswahl an Parks und Grünflächen, die Einwohnern und Besuchern gleichermaßen die Möglichkeit bieten, der Hektik des Stadtlebens zu entfliehen und in die Natur einzutauchen. Ganz gleich, ob Sie auf der Suche nach einer ruhigen Oase zum Entspannen, einem malerischen Ort für Outdoor-Aktivitäten oder einfach nur einem Ort für einen gemütlichen Spaziergang sind, Rotterdams Parks und Grünflächen haben für jeden etwas zu bieten.

Eine der bekanntesten Grünflächen der Stadt ist der Het Park, der sich nahe dem Herzen Rotterdams und neben dem berühmten Euromast-Turm befindet. Dieser weitläufige Park mit seinen gepflegten Rasenflächen, malerischen Teichen und gewundenen Wegen bietet einen ruhigen Rückzugsort aus der Stadtlandschaft. Besucher können einen gemütlichen Spaziergang entlang der von Bäumen gesäumten Wege unternehmen, auf den Rasenflächen entspannen oder ein Picknick mit Familie und Freunden genießen und dabei die Aussicht auf die umliegende Skyline genießen. Het Park beherbergt auch verschiedene Skulpturen und Denkmäler, die zu seinem Charme und seiner kulturellen Bedeutung beitragen. Ganz gleich, ob Sie der Hektik der Stadt für ein paar Stunden entfliehen oder einfach nur einen ruhigen Moment in der Natur genießen möchten: Het Park bietet einen ruhigen Zufluchtsort inmitten der städtischen Zersiedelung Rotterdams.

Ein weiteres Juwel in Rotterdams Grünflächenkrone ist der Kralingse Bos Park, ein ausgedehntes Waldgebiet im östlichen Teil der Stadt. Dieser weitläufige Park erstreckt sich über 200 Hektar und bietet den Besuchern ein vielfältiges Angebot an Freizeitaktivitäten. Im Herzen des Parks liegt der Kralingse Plas, ein großer See, der in den wärmeren Monaten Möglichkeiten zum Bootfahren, Angeln und Schwimmen bietet. Rund um den See verlaufen zahlreiche Wander- und Radwege, die sich durch die dichten Wälder und offenen Wiesen des Parks schlängeln und atemberaubende Ausblicke auf die umliegende Landschaft bieten. Im Park gibt es Picknickplätze und ausgewiesene Grillplätze, die den perfekten Rahmen für Zusammenkünfte im Freien und geselliges Beisammensein mit Freunden und Familie bieten. Egal, ob Sie Outdoor-Sport treiben, mit der Natur in Kontakt treten oder einfach nur einen malerischen Spaziergang genießen möchten, der Kralingse Bos Park bietet eine Fülle von Möglichkeiten zur Erholung und Entspannung im Freien.

In Rotterdam gibt es auch eine Reihe bezaubernder Parks und Gärten in der Nachbarschaft, die einen intimen Rahmen für Outdoor-Vergnügen bieten. Das Trompenburg Arboretum beispielsweise ist ein botanischer Garten im Stadtteil Kralingen mit einer vielfältigen Sammlung von Bäumen, Sträuchern und Pflanzen aus aller Welt. Besucher können auf verschlungenen Wegen spazieren, Themengärten erkunden und exotische Pflanzen in einer ruhigen und malerischen Umgebung bewundern. Ebenso bietet der Dakpark Rotterdam im Stadtteil Delfshaven eine einzigartige städtische Grünfläche, die auf einer ehemaligen Eisenbahnstrecke errichtet wurde. Dieser innovative Park verfügt über Wanderwege, Spielplätze und Gemeinschaftsgärten sowie einen Panoramablick auf die Skyline der Stadt und ist damit ein beliebtes Ziel für Einwohner und Besucher, die einen ruhigen Rückzugsort im Herzen der Stadt suchen.

## Wasseraktivitäten in Rotterdam

Rotterdam liegt an den Ufern der Maas und ist von einem Netzwerk aus Kanälen und Wasserstraßen durchzogen. Rotterdam ist eine Stadt, die eng mit dem Wasser verbunden ist und den Besuchern ein breites

Spektrum an Wasseraktivitäten bietet. Egal, ob Sie eine gemütliche Kreuzfahrt entlang des historischen Hafens, ein adrenalingeladenes Wassersportabenteuer oder einen ruhigen Tag am Strand planen, Rotterdams Uferpromenade bietet für jeden etwas zum Erleben und Genießen.

Eine der beliebtesten Wassersportaktivitäten in Rotterdam ist eine Bootstour entlang des historischen Hafens der Stadt, die Besuchern einen einzigartigen Blick auf die Skyline und die Wahrzeichen der Stadt bietet. Zahlreiche Unternehmen bieten geführte Bootstouren durch die geschäftigen Wasserstraßen Rotterdams an, zeigen das maritime Erbe und bieten Einblicke in die reiche Geschichte und Kultur der Stadt. Von eleganten modernen Schiffen bis hin zu charmanten historischen Booten stehen zahlreiche Touroptionen für unterschiedliche Vorlieben und Budgets zur Verfügung. Während Sie über das Wasser gleiten, haben Sie die Möglichkeit, architektonische Wunderwerke wie die Erasmus-Brücke und die berühmten Würfelhäuser sowie das geschäftige Treiben am Hafen und die lebhaften Hafenviertel zu bewundern. Ganz gleich, ob Sie sich für eine kommentierte Tour entscheiden oder einfach nur die Sehenswürdigkeiten genießen möchten, eine Bootstour durch den Rotterdamer Hafen verspricht ein unvergessliches und malerisches Erlebnis für Besucher jeden Alters.

Für diejenigen, die ein aktiveres Abenteuer auf dem Wasser suchen, bieten Kajakfahren und Paddleboarding spannende Möglichkeiten, Rotterdams Wasserstraßen aus nächster Nähe zu erkunden. Egal, ob Sie entlang der Maas paddeln, durch die Kanäle der Stadt navigieren oder die ruhigen Gewässer der umliegenden Seen und Teiche erkunden – Kajakfahren und Paddleboarding bieten eine einzigartige Perspektive auf Rotterdams Stadtlandschaft. In der ganzen Stadt gibt es Verleihmöglichkeiten und geführte Touren, die es Besuchern leicht machen, sich auf ihr eigenes Wasserabenteuer einzulassen. Während Sie an historischen Sehenswürdigkeiten und modernen Wolkenkratzern vorbeipaddeln, haben Sie die Möglichkeit, die Stadt aus einem anderen Blickwinkel zu betrachten, während Sie ein unterhaltsames und belebendes Training auf dem Wasser genießen. Egal, ob Sie ein erfahrener Paddler oder ein Anfänger sind, Kajakfahren und Paddleboarding bieten eine unvergessliche Möglichkeit, Rotterdams einzigartige Mischung aus städtischer und natürlicher Schönheit zu erleben.

Rotterdams Uferparks und Strände bieten in den wärmeren Monaten Möglichkeiten zum Schwimmen, Sonnenbaden und Entspannen. Der Strand von Nesselande liegt im nordöstlichen Teil der Stadt und verfügt über Sandstrände und klares Wasser, was ihn zu einem beliebten Ziel für Strandgänger und Familien macht, die der Sommerhitze entfliehen möchten. Mit seinem breiten Sandstrand, ausgewiesenen Badebereichen und Strandcafés bietet Nesselande Beach alle Annehmlichkeiten für einen Tag voller Spaß in der Sonne. Ebenso bietet der Strand Hoek van Holland an der Mündung des Flusses Nieuwe Waterweg ausgedehnte Sandstrände und einen Panoramablick auf die Nordsee, was ihn zu einem idyllischen Ort zum Strandspazieren, Drachensteigen und Beobachten des Sonnenuntergangs macht. Egal, ob Sie ein erfrischendes Bad im Wasser nehmen, mit den Kindern Sandburgen bauen oder einfach nur am Ufer entspannen möchten, Rotterdams Strände bieten den perfekten Rahmen für einen Tag voller Badevergnügen.

## Sport und Erholung

Rotterdam, bekannt für seine moderne Architektur und seine lebendige Kulturszene, bietet seinen Besuchern auch zahlreiche Sport- und Freizeitmöglichkeiten. Egal, ob Sie ein Fitness-Enthusiast oder Sportliebhaber sind oder einfach nur während Ihres Aufenthalts in der Stadt aktiv bleiben möchten: Rotterdams Parks, Sportanlagen und Außenbereiche bieten zahlreiche Möglichkeiten für Erholung und Spaß.

Eine der beliebtesten Outdoor-Aktivitäten in Rotterdam ist Fußball, ein bei Einheimischen und Besuchern gleichermaßen beliebter Sport. Die Stadt verfügt über zahlreiche Parks und Sportanlagen, die mit Fußballfeldern und Spielfeldern ausgestattet sind und viel Platz für Freizeitspiele und organisierte Spiele bieten. Ganz gleich, ob Sie mit Freunden in einem Nachbarschaftspark einen Ball kicken oder an einem Kickerspiel mit Einheimischen teilnehmen, Fußball bietet eine unterhaltsame und energiegeladene Möglichkeit, in Rotterdams Außenbereichen aktiv zu bleiben und mit anderen in Kontakt zu treten.

Für diejenigen, die ein strukturierteres Fitnesserlebnis suchen, bietet Rotterdam eine große Auswahl an Optionen für Indoor- und Outdoor-Workouts. In der Stadt gibt es zahlreiche Fitnessstudios, Fitnesszentren und Outdoor-Workout-Bereiche, in denen Besucher an Kursen, Trainingseinheiten und Gruppenfitnessaktivitäten teilnehmen können. Egal, ob Sie Yoga im Park, Bootcamp am Strand oder Crossfit in der Stadt bevorzugen, Rotterdams Fitnessszene bietet für alle Interessen und Fitnessniveaus die Möglichkeit, während Ihres Besuchs ins Schwitzen zu kommen und in Form zu bleiben.

Rotterdams Parks und Erholungsgebiete bieten Möglichkeiten für eine Vielzahl von Spielen und Aktivitäten im Freien, ideal, um mit Freunden und der Familie die Grünflächen der Stadt zu genießen. Volleyball, Frisbee und Boccia sind nur einige Beispiele für Outdoor-Spiele, die man in Rotterdams Parks und Freiflächen genießen kann. Egal, ob Sie ein Gelegenheitsspiel mit Freunden veranstalten oder an einem lokalen Turnier teilnehmen, Rotterdams Parks bieten den idealen Rahmen für Spaß und Erholung im Freien.

# KAPITEL 6

## TAGESAUSFLÜGE VON ROTTERDAM

Nur eine kurze Strecke von Rotterdam entfernt liegt Den Haag, die politische und administrative Hauptstadt der Niederlande und Heimat der niederländischen Königsfamilie. Den Haag wird oft als „Stadt des Friedens und der Gerechtigkeit“ bezeichnet und ist bekannt für seine internationalen Institutionen, historischen Wahrzeichen und seine lebendige Kulturszene. Einer der Höhepunkte eines Besuchs in Den Haag ist der Binnenhof, ein historischer Gebäudekomplex, der das niederländische Parlament und das Büro des Premierministers beherbergt. Besucher können den gotischen Ridderzaal (Rittersaal) erkunden und durch den ruhigen Hofvijver (Hofteich) schlendern und die Atmosphäre dieses ikonischen Machtsitzes aufsaugen. Neben seiner politischen Bedeutung beherbergt Den Haag auch eine Reihe kultureller Attraktionen, darunter erstklassige Museen wie das Mauritshuis, das Meisterwerke von Vermeer, Rembrandt und anderen niederländischen Meistern beherbergt. Der Badeort Scheveningen bietet Sandstrände, eine belebte Promenade und das ikonische Kurhaus-Hotel und ist damit ein beliebtes Ziel für Entspannung und Erholung.

Ein weiteres unverzichtbares Ziel für einen Tagesausflug von Rotterdam aus ist Gouda, bekannt für seinen gleichnamigen Käse, das historische Stadtzentrum und die berühmten Buntglasfenster. Das kompakte Stadtzentrum von Gouda liegt nur eine kurze Zugfahrt von Rotterdam entfernt und lässt sich am besten zu Fuß erkunden. Besucher können dabei durch die Kopfsteinpflasterstraßen schlendern und die historische Architektur bewundern. Ein Besuch in Gouda wäre nicht vollständig, ohne den weltberühmten Käse zu probieren, der in der Region seit Jahrhunderten hergestellt wird. Besucher können den Gouda-Käsemarkt besuchen, der in den Sommermonaten auf dem historischen Marktplatz stattfindet. Dort können sie traditionellen Käsewiege- und Handelsvorführungen zusehen und eine Vielzahl köstlicher Käsesorten probieren. Neben Käse ist Gouda auch für seine atemberaubende gotische Architektur bekannt, darunter die majestätische St. Janskerk (Johanneskirche), die über die größte Sammlung von Buntglasfenstern in den Niederlanden verfügt. Besucher können diese komplexen Kunstwerke bestaunen, die biblische Szenen und historische Ereignisse darstellen, und mehr über die reiche Geschichte und kulturelle Bedeutung der Kirche erfahren.

## Delft: Stadt der blauen Keramik

Eine Reise nach Delft wäre nicht vollständig, ohne in die reiche Geschichte einzutauchen und die Wahrzeichen zu erkunden. Die Nieuwe Kerk oder Neue Kirche ist ein solches Wahrzeichen und rühmt sich einer imposanten Präsenz in der Skyline der Stadt. Während das Äußere die komplexe gotische Architektur zeigt, ist das Innere mit wunderschönen Buntglasfenstern und einer hohen Gewölbedecke ebenso beeindruckend. Einer der Höhepunkte der Nieuwe Kerk ist die königliche Grabgruft, in der Mitglieder der niederländischen Königsfamilie beigesetzt sind. Besucher können früheren Monarchen ihre Ehre erweisen und mehr über die königliche Geschichte der Niederlande erfahren.

In der Nähe bietet die Oude Kerk, die Alte Kirche, eine andere Perspektive auf die Geschichte und Architektur von Delft. Die Oude Kerk stammt aus dem 13. Jahrhundert und ist die älteste Kirche in Delft. Sie verfügt über einen markanten schiefen Turm, der zu ihrem Charme beiträgt. Im Inneren können Besucher die beeindruckende Orgel bewundern und die jahrhundertealten Gräber und Denkmäler erkunden, die das Innere der Kirche säumen. Darüber hinaus finden in der Oude Kerk das ganze Jahr über kulturelle Veranstaltungen und Konzerte statt, was ihre Attraktivität als kulturelles und historisches Wahrzeichen im Herzen von Delft noch verstärkt.

Für diejenigen, die tiefer in das künstlerische Erbe von Delft eintauchen möchten, bietet das Vermeer Centrum Delft einen faszinierenden Einblick in das Leben und Werk des berühmten niederländischen Malers Johannes Vermeer. Das Vermeer Centrum befindet sich in einem modernen Gebäude in der Nähe des Marktplatzes und zeigt Repliken von Vermeers berühmtesten Werken sowie Ausstellungen zu seinem Leben, seinen

Techniken und seinem Einfluss auf die niederländische Kunst. Besucher können mehr über Vermeers Beherrschung von Licht und Farbe, seinen Einsatz von Perspektiven und die Alltagsszenen erfahren, die seine Genrebilder prägten. Das Vermeer Centrum bietet auch interaktive Erlebnisse wie Workshops und Vorführungen, bei denen Besucher versuchen können, ihre eigenen, von Vermeer inspirierten Meisterwerke zu schaffen.

Delft bietet viele Möglichkeiten für gemütliche Spaziergänge und malerische Kanalrundfahrten. Die malerischen Kanäle der Stadt, gesäumt von historischen Gebäuden und charmanten Hausbooten, bieten eine ruhige Kulisse für Erkundungen. Besucher können entlang der Uferpromenade spazieren, anhalten, um die berühmten Brücken zu bewundern und den vorbeigleitenden Booten zuzusehen, oder ein Fahrrad mieten und auf den von Bäumen gesäumten Wegen radeln, die sich durch die Stadt schlängeln. Delfts Parks und Grünflächen, wie der Delftse Hout und der Botanische Garten, bieten friedliche Rückzugsorte, an denen Besucher inmitten der Schönheit der Natur entspannen und entspannen können.

Für Shopping- und Gastronomieinteressierte gibt es im Stadtzentrum von Delft zahlreiche Boutiquen, Kunsthandwerksläden und gemütliche Cafés, in denen Besucher lokale Spezialitäten und traditionelle holländische Leckereien genießen können. Der Marktplatz mit seinen historischen Gebäuden und dem geschäftigen Markt im Freien ist ein lebendiger

Treffpunkt, wo Besucher nach Souvenirs stöbern, Käse und Gebäck aus der Region probieren oder einfach von einem Straßencafé aus die Leute beobachten können. Unterdessen sind die charmanten Straßen und Gassen, die sich kreuz und quer durch die Innenstadt ziehen, mit versteckten Schätzen gesäumt, die darauf warten, entdeckt zu werden, von urigen Buchhandlungen und Antiquitätenläden bis hin zu stilvollen Boutiquen und Kunsthandwerksbetrieben.

## Den Haag: Sitz der niederländischen Regierung

Ein Besuch in Den Haag bietet einen faszinierenden Einblick in das politische Herz der Niederlande und die reiche Geschichte und Kultur, die diese dynamische Stadt ausmachen. Im Herzen von Den Haag liegt der Binnenhof, ein historischer Gebäudekomplex, der jahrhundertelang als Sitz der niederländischen Regierung diente. Der Komplex wird vom gotischen Ridderzaal oder Rittersaal dominiert, der aus dem 13. Jahrhundert stammt und als Veranstaltungsort für die jährliche Eröffnung des niederländischen Parlaments dient. Besucher können den Ridderzaal besichtigen und seine hohe gewölbte Decke, die aufwendigen Buntglasfenster und historischen Wandteppiche bewundern und so Einblicke in das politische Erbe und die Traditionen des Landes gewinnen.

Rund um den Ridderzaal befindet sich der Hofvijver oder Hofteich, ein ruhiges Gewässer, das zur malerischen Schönheit des Binnenhofs beiträgt.

Besucher können am Ufer des Hofvijver entlang schlendern, die Aussicht auf die umliegenden Gebäude genießen und über die historischen Ereignisse nachdenken, die sich in diesen heiligen Hallen abgespielt haben. Führungen durch den Binnenhof bieten Besuchern die Möglichkeit, das Innenleben der niederländischen Demokratie zu erkunden, von den Kammern des Parlaments bis zu den Büros der Minister, und bieten einen faszinierenden Blick hinter die Kulissen der politischen Institutionen des Landes.

Über seine politische Bedeutung hinaus ist Den Haag auch ein kulturelles Zentrum mit einer Fülle von Museen, Galerien und historischen Sehenswürdigkeiten, die es zu erkunden gilt. Eine der renommiertesten Kultureinrichtungen der Stadt ist das Mauritshuis, ein elegantes Museum in einem Palast aus dem 17. Jahrhundert, das eine erstklassige Sammlung niederländischer Gemälde des Goldenen Zeitalters zeigt. Zu den Höhepunkten der Mauritshuis-Sammlung zählen Vermeers ikonisches „Mädchen mit dem Perlenohrring“, Rembrandts stimmungsvolle „Die Anatomiestunde des Dr. Nicolaes Tulp“ und Johannes Vermeers exquisite „Ansicht von Delft“, die Besuchern die seltene Gelegenheit bietet, Meisterwerke einiger von ihnen zu bewundern Die größten Künstler der Geschichte.

Für diejenigen, die sich für moderne und zeitgenössische Kunst interessieren, bietet Den Haag das Gemeentemuseum Den Haag, ein weitläufiges

Museum mit einer umfangreichen Sammlung moderner und zeitgenössischer Kunst aus aller Welt. Zu den vielfältigen Beständen des Museums gehören Werke von Piet Mondrian, Vincent van Gogh und Wassily Kandinsky sowie Skulpturen, Keramik und dekorative Kunst. Zusätzlich zu seiner ständigen Sammlung finden im Gemeentemuseum das ganze Jahr über Wechselausstellungen, Konzerte und Veranstaltungen statt, was es zu einem lebendigen Kulturziel für Besucher jeden Alters macht.

Der Badeort Scheveningen in Den Haag bietet mit seinen Sandstränden, der belebten Promenade und dem berühmten Pier eine willkommene Abwechslung vom Trubel des Stadtlebens. Besucher können am Strand von Scheveningen die Sonne genießen, ein Bad in der Nordsee nehmen oder Wassersportarten wie Surfen, Kiteboarden und Segeln ausprobieren. Das historische Kurhaus-Hotel mit seiner prachtvollen Fassade und opulenten Innenausstattung verleiht dem Badeort einen Hauch von altmodischem Glamour, während das nahegelegene Aquarium Sea Life Scheveningen mit seinen interaktiven Ausstellungen und Meeresvorführungen für Unterhaltung für Besucher jeden Alters sorgt.

## Kinderdijk: Windmühlen und niederländisches Erbe

Ein Ausflug nach Kinderdijk ist wie ein Eintritt in eine postkartenreife Szene mit niederländischem

Landschaftszauber, wo ikonische Windmühlen vor der Kulisse üppiger grüner Felder und ruhiger Wasserstraßen emporragen. Dieses UNESCO-Weltkulturerbe liegt nur einen Steinwurf von Rotterdam entfernt und bietet Besuchern einen Einblick in den jahrhundertealten Kampf der Niederlande gegen das Wasser und die genialen technischen Lösungen, die die Landschaft des Landes über Jahrhunderte hinweg geprägt haben.

Die Windmühlen von Kinderdijk sind nicht nur architektonische Wunderwerke; Sie sind lebendige Denkmäler für den Einfallsreichtum und die Widerstandsfähigkeit des niederländischen Volkes angesichts der Herausforderungen der Natur. Diese 19 historischen Windmühlen stammen aus dem 18. Jahrhundert und wurden ursprünglich gebaut, um überschüssiges Wasser aus den tiefliegenden Poldern in höher gelegene Entwässerungsgräben zu pumpen, um Überschwemmungen zu verhindern und Land für Landwirtschaft und Siedlungen zurückzugewinnen. Viele dieser Windmühlen sind noch heute in Betrieb und ihre riesigen Segel drehen sich anmutig im Wind, während sie weiterhin ihre wichtige Rolle bei der Wasserbewirtschaftung erfüllen.

Ein Besuch in Kinderdijk bietet eine einzigartige Gelegenheit, diese ikonischen Bauwerke zu betreten und etwas über das tägliche Leben der Müller und ihrer Familien zu erfahren, die sie einst ihr Zuhause nannten. Im Inneren der Windmühlen können Besucher die

Wohnräume, Werkstätten und Maschinen erkunden, die diese beeindruckenden Maschinen angetrieben haben, und einen Einblick in den Einfallsreichtum und die Handwerkskunst gewinnen, die in ihren Bau eingeflossen sind. Führungen geben faszinierende Einblicke in die Geschichte und den Betrieb der Windmühlen und vermitteln den Besuchern ein tieferes Verständnis ihrer Rolle bei der Gestaltung der niederländischen Landschaft und Lebensart.

Kinderdijk verfügt über ein Netz malerischer Wander- und Radwege, die sich durch die umliegende Landschaft schlängeln und atemberaubende Ausblicke auf die Polder, Kanäle und Wildtiere bieten, die diese Gegend ihr Zuhause nennen. Besucher können Fahrräder mieten oder an geführten Touren teilnehmen, um die Gegend in ihrem eigenen Tempo zu erkunden. Sie können unterwegs anhalten, um Fotos zu machen, ein Picknick zu genießen oder einfach die ruhige Schönheit der niederländischen Landschaft zu genießen.

Für diejenigen, die ein tieferes Verständnis der Geschichte und Bedeutung von Kinderdijk suchen, bietet das Kinderdijk-Besucherzentrum eine Reihe interaktiver Ausstellungen und Bildungsprogramme, die sich mit dem kulturellen Erbe und den technischen Errungenschaften der Region befassen. Besucher können mehr über die Techniken erfahren, mit denen die Windmühlen gebaut wurden, über das tägliche Leben der Müller und ihrer Familien und über die laufenden Bemühungen, diese einzigartige Kulturlandschaft für zukünftige Generationen zu bewahren und zu schützen.

## Gouda: Käse und historischer Charme

Gouda, berühmt für seinen gleichnamigen Käse und seine historische Faszination, lädt Reisende zu einer reizvollen Reise in die niederländische Kultur und das niederländische Erbe ein. Nur einen Steinwurf von Rotterdam entfernt lädt das kompakte Stadtzentrum von Gouda Besucher dazu ein, durch seine Kopfsteinpflasterstraßen zu schlendern und Einblicke in jahrhundertealte Architektur und den Duft frisch gebackener Stroopwafels zu gewähren, der in der Luft weht.

Das Herzstück der kulinarischen Szene von Gouda ist der berühmte Käsemarkt, eine jahrhundertealte Tradition, die die Besucher immer noch mit ihrer lebhaften Atmosphäre und jahrhundertealten Ritualen in ihren Bann zieht. Der Gouda-Käsemarkt, der in den Sommermonaten auf dem historischen Marktplatz stattfindet, ist ein wahrer Genuss für alle Sinne: Die Verkäufer präsentieren ihre wertvollen Käselaibe und führen angeregte Verhandlungen mit den Käufern. Besucher können der jahrhundertealten Tradition des Käsewiegens und -handels beiwohnen und die geschickten Bewegungen der Käseträger bestaunen, die die schweren Laibe zu und von den Marktständen transportieren. Die Verkostung der angebotenen

Käsesorten ist ein Muss und ermöglicht es den Besuchern, die reichen Aromen und Texturen von Goudas berühmtestem Exportgut zu genießen.

Über seine gastronomischen Köstlichkeiten hinaus verfügt Gouda über eine Fülle architektonischer Schätze, die von seiner reichen Geschichte und seinem kulturellen Erbe zeugen. Die hoch aufragenden Türme der St. Janskerk oder St.-Johannes-Kirche dominieren die Skyline der Stadt. Sie sind ein beeindruckendes Beispiel gotischer Architektur und beherbergen die größte Sammlung von Buntglasfenstern in den Niederlanden. Beim Betreten dieser majestätischen Kirche werden Besucher von einem Kaleidoskop aus Farben begrüßt, während das Sonnenlicht durch die komplizierten Buntglasfenster fällt und biblische Szenen, Heilige und historische Persönlichkeiten darstellt. Führungen bieten faszinierende Einblicke in die Geschichte der Kirche und die Geschichten hinter ihren bemerkenswerten Buntglasfenstern und bieten einen tieferen Einblick in dieses architektonische Juwel.

Das historische Stadtzentrum von Gouda ist eine Fundgrube architektonischer Wunder mit bezaubernden Kanälen, malerischen Brücken und gut erhaltenen mittelalterlichen Gebäuden entlang der Straßen. Der malerische Marktplatz, flankiert von eleganten Giebelhäusern und lebhaften Cafés, dient als pulsierendes Herz der Stadt und lädt Besucher zum Verweilen und Genießen der geschäftigen Atmosphäre ein. In der Nähe steht das historische Waag oder

Waagehaus als Symbol der kaufmännischen Vergangenheit Goudas. Seine markante Renaissance-Fassade zeugt vom Reichtum und Wohlstand der Stadt während des Goldenen Zeitalters. Heute beherbergt die Waag das Goudaer Käse- und Handwerksmuseum, in dem Besucher mehr über die Geschichte der Käseherstellung in der Region erfahren und Vorführungen traditioneller Handwerkskunst beobachten können.

Für diejenigen, die einen Eindruck von Goudas lebendiger Kulturszene bekommen möchten, bietet die Stadt eine Fülle von Museen, Galerien und kulturellen Veranstaltungen, die es zu erkunden gilt. Das Museum Gouda ist in einem ehemaligen Kloster untergebracht und präsentiert die reiche Geschichte und das künstlerische Erbe der Stadt anhand seiner vielfältigen Sammlung von Gemälden, Skulpturen und Artefakten. Unterdessen bietet das Goudaer Museum für religiöse Kunst Einblicke in das spirituelle Leben der Stadt und zeigt religiöse Artefakte, Gemälde und Skulpturen aus mehreren Jahrhunderten. Das ganze Jahr über finden in Gouda zahlreiche kulturelle Veranstaltungen und Festivals statt, darunter Musikkonzerte, Kunstausstellungen und das jährliche Gouda-Käsefest, das Käseliebhaber aus nah und fern anzieht, um den berühmtesten Export der Stadt zu feiern.

# KAPITEL 7

# EINKAUFEN IN ROTTERDAM

Die Einkaufsviertel Rotterdams sind pulsierende Zentren voller Aktivitäten, in denen sowohl Einheimische als auch Besucher eine große Auswahl an Geschäften, Boutiquen und Kaufhäusern durchstöbern. Eines der beliebtesten Einkaufsziele der Stadt ist die Beurstraverse, auch bekannt als „Koopgoot“ oder „Einkaufsstraße“. Diese unterirdische Einkaufsstraße ist gesäumt von einer vielseitigen Mischung aus internationalen Marken, Designerboutiquen und Fachgeschäften, die alles von Mode und Accessoires bis hin zu Elektronik und Kosmetik anbieten. Besucher können durch die hell erleuchteten Korridore schlendern, die neuesten Mode- und Designtrends entdecken und in einem der Straßencafés oder Restaurants eine Kleinigkeit essen.

Ein weiteres beliebtes Einkaufsviertel in Rotterdam ist die Lijnbaan, eine Fußgängerzone, die als eine der ersten autofreien Einkaufsstraßen der Welt gilt. Hier können Besucher über den breiten Boulevard schlendern und eine Vielzahl von Geschäften und Kaufhäusern besichtigen, darunter bekannte Marken wie H&M, Zara und Mango. In der Lijnbaan befindet sich auch De Bijenkorf, ein Premium-Kaufhaus, das mit seinen gehobenen Mode-, Beauty- und

Wohndekor-Kollektionen ein luxuriöses Einkaufserlebnis bietet.

## Rotterdams Einkaufsviertel

Die Einkaufsviertel Rotterdams bieten sowohl Einheimischen als auch Touristen vielfältige Möglichkeiten, die den unterschiedlichsten Vorlieben und Geldbeuteln gerecht werden. Unter den beliebtesten Einkaufszielen der Stadt sticht die Beurstraverse, auch liebevoll „Koopgoot“ oder „Einkaufsrinne“ genannt, als belebte unterirdische Straße voller Einkaufsmöglichkeiten hervor. Die Beurstraverse liegt im Herzen der Rotterdamer Innenstadt, ist leicht zu erreichen und lockt Käufer mit ihrer lebendigen Atmosphäre und der vielfältigen Auswahl an Geschäften an. Hier finden Besucher eine vielseitige Mischung aus internationalen Marken, Designer-Boutiquen und Fachgeschäften, die alles von trendiger Mode und Accessoires bis hin zu modernster Elektronik und luxuriöser Kosmetik bieten.

Ein Spaziergang durch die hell erleuchteten Korridore der Beurstraverse ist ein Genuss für die Sinne. Die Präsentation der neuesten Modetrends und innovativen Gadgets lädt die Käufer zum weiteren Erkunden ein. Modebegeisterte können in Regalen mit Kleidungsstücken bekannter Marken wie H&M, Zara und Mango stöbern, während Technikbegeisterte in Geschäften wie MediaMarkt und Apple die neuesten Gadgets und Elektronikartikel durchstöbern können. In der Beurstraverse gibt es auch eine Vielzahl von Fachgeschäften für Nischeninteressen, von Gourmet-Lebensmittelgeschäften und handwerklich hergestellten Chocolatiers bis hin zu trendigen Sneaker-Boutiquen und urbanen Streetwear-Läden. Mit seinem vielfältigen Angebot verspricht die Beurstraverse ein dynamisches Einkaufserlebnis, das den Geschmäckern und Vorlieben von Käufern aus allen Gesellschaftsschichten gerecht wird.

Die Lijnbaan ist ein weiteres prominentes Einkaufsviertel in Rotterdam, das für seinen Status als eine der ersten autofreien Einkaufsstraßen der Welt bekannt ist. Dieser nur für Fußgänger zugängliche Boulevard erstreckt sich durch das Herz des Stadtzentrums und ist gesäumt von einer Mischung aus bekannten Kaufhäusern, Modeboutiquen und Fachgeschäften. Die Lijnbaan bietet im Vergleich zum unterirdischen Ambiente der Beurstraverse ein eher traditionelles Einkaufserlebnis, mit breiten Gehwegen und Schaufenstern unter freiem Himmel, die Besucher zum gemütlichen Bummeln und Erkunden in ihrem eigenen Tempo einladen.

Eines der Highlights der Lijnbaan ist De Bijenkorf, ein renommiertes Kaufhaus, das seit Jahrzehnten ein fester Bestandteil der Rotterdamer Einzelhandelslandschaft ist. Mit seiner eleganten Fassade und dem luxuriösen Interieur strahlt De Bijenkorf einen Hauch von Raffinesse und Exklusivität aus und zieht anspruchsvolle Käufer an, die hochwertige Mode, Schönheitsprodukte und Heimdekoration suchen. Die sorgfältig zusammengestellte Auswahl an Designermarken und Luxuslabels des Ladens spiegelt den kosmopolitischen Charakter und die modebewusste Sensibilität Rotterdams wider und macht ihn zu einem Magneten für stilbewusste Käufer, die erstklassige Einkaufserlebnisse genießen möchten.

Über das Mainstream-Angebot von Kaufhäusern und internationalen Marken hinaus verfügt die Lijnbaan auch über eine Vielzahl unabhängiger Boutiquen und Fachgeschäfte, die dem Einkaufsviertel einen Hauch von Einzigartigkeit und Charme verleihen. Besucher können verborgene Schätze und einzigartige Fundstücke entdecken, während sie die Seitenstraßen und Gassen erkunden, die vom Hauptboulevard abzweigen. Von skurrilen Vintage-Boutiquen und Kunsthandwerksläden bis hin zu gemütlichen Buchläden und vielseitigen Geschenkartikelläden bietet die Lijnbaan eine Fülle an Einkaufsmöglichkeiten für diejenigen, die bereit sind, abseits der ausgetretenen Pfade zu wagen.

## Einzigartige Boutiquen und Geschäfte

Rotterdams vielfältige und dynamische Einkaufsszene erstreckt sich über die bekannten Einkaufsviertel hinaus und umfasst eine Vielzahl einzigartiger Boutiquen und Fachgeschäfte, die über die ganze Stadt verstreut sind. Diese versteckten Schätze bieten anspruchsvollen Käufern die Möglichkeit, einzigartige Fundstücke und Schätze zu entdecken, die den kreativen Geist und die kulturelle Vielfalt Rotterdams widerspiegeln. Zu den lebhaftesten Vierteln der Stadt für einzigartige Einkaufserlebnisse gehört die Witte de Withstraat, eine belebte Straße im Herzen Rotterdams, die für ihre vielseitige Mischung aus Geschäften, Galerien und Concept Stores bekannt ist.

Die Witte de Withstraat, oft als Kulturader der Stadt bezeichnet, ist eine belebte Durchgangsstraße mit einer Reihe unabhängiger Boutiquen und kreativer Räume, was sie zu einem Muss für alle macht, die auf der Suche nach unverwechselbaren Mode-, Kunst- und Designartikeln sind. Besucher können in die unkonventionelle Atmosphäre des Viertels eintauchen, während sie über die gepflasterten Gehwege schlendern und farbenfrohe Straßenkunst und lebhafte Ladenfronten bewundern. Die Straße beherbergt eine vielfältige Auswahl an Geschäften, von denen jedes seine eigene einzigartige Auswahl an Produkten anbietet, die von lokalen Designern und Kunsthandwerkern zusammengestellt wurden. Von handgefertigtem Schmuck und Vintage-Kleidung bis hin zu handgefertigten Haushaltswaren und zeitgenössischer Kunst gibt es entlang der Witte de Withstraat jede Menge Schätze zu entdecken.

Eine herausragende Boutique in der Witte de Withstraat ist Nieuwe Ontwerpers, ein Concept Store, der die Arbeit aufstrebender niederländischer Designer aus verschiedenen Disziplinen präsentiert, darunter Mode, Accessoires und Heimdekoration. Hier können

Besucher eine ständig wechselnde Auswahl an topaktuellen Designs und innovativen Kreationen durchstöbern, aufstrebende Talente unterstützen und ihrer Garderobe oder ihrem Wohnraum einen Hauch zeitgenössischen niederländischen Designs verleihen. Nieuwe Ontwerpers dient lokalen Künstlern und Designern als Plattform zur Präsentation ihrer Arbeiten und fördert so die Kreativität und Zusammenarbeit innerhalb der lebendigen Design-Community Rotterdams.

Ein weiteres Muss in der Witte de Withstraat ist der Concept Store Groos, der das kulturelle Erbe und den Unternehmergeist Rotterdams zelebriert, indem er eine kuratierte Auswahl an Produkten anbietet, die ausschließlich in Rotterdam hergestellt werden. Von lokal entworfener Kleidung und Accessoires bis hin zu handwerklich hergestellten Lebensmitteln und einzigartigen Souvenirs präsentiert Groos das Beste aus Rotterdams kreativem Talent und Handwerkskunst unter einem Dach. Besucher können in den Regalen stöbern und eine Reihe von Produkten entdecken, die den dynamischen Charakter und die urbane Identität der Stadt widerspiegeln. Damit ist Groos der perfekte Ort, um ein ganz besonderes Andenken an Ihre Zeit in Rotterdam zu finden.

Rotterdams Stadtteil Oude Haven bietet eine weitere Schatzkammer einzigartiger Einkaufserlebnisse mit Boutiquen und Kunsthandwerksläden entlang der malerischen Uferpromenade. Hier können Besucher das historische Hafenviertel erkunden und in zahlreichen Fachgeschäften stöbern, die in charmanten Altbauten untergebracht sind und dem Einkaufserlebnis einen Hauch von maritimem Charme verleihen. Von handgefertigter Keramik und lokal gefertigten Waren bis hin zu Speziallebensmitteln und Gourmet-Leckereien bieten die Boutiquen von Oude Haven eine entzückende Mischung aus handwerklichen Produkten und einzigartigen Fundstücken, die die Essenz des Rotterdamer Kulturerbes einfangen.

Eine herausragende Boutique in Oude Haven ist De Vierde Wand, ein origineller Laden, der sich auf Vintage- und Retro-Kleidung, Accessoires und Wohnaccessoires spezialisiert hat. Mit seiner vielseitigen Mischung aus kuratierten Vintage-Fundstücken und Retro-inspirierten Designs bietet De Vierde Wand Käufern die Möglichkeit, ihrer Garderobe oder ihrem Wohnraum einen Hauch von Nostalgie und Individualität zu verleihen. Besucher können Regale mit einzigartigen Kleidungsstücken durchstöbern, in Behältern mit Schallplatten stöbern oder die Sammlung von Vintage-Haushaltswaren und Dekorationsgegenständen bestaunen, die die Regale säumen. Ganz gleich, ob Sie auf der Suche nach einem einzigartigen Mode-Statement oder einem Retro-inspirierten Wohnakzent sind, De Vierde Wand wird Vintage-Enthusiasten und Design-Liebhaber gleichermaßen begeistern.

Ein weiteres Juwel in Oude Haven ist Stroop Rotterdam, ein Boutique-Laden, der es sich zur Aufgabe gemacht hat, das Beste des niederländischen Designs und der Handwerkskunst durch seine Auswahl an handgefertigten Produkten und Waren aus der Region zu präsentieren. Von traditionellen Stroopwafels und handwerklich hergestelltem Honig bis hin zu handgefertigter Keramik und niederländisch inspirierten Geschenken bietet Stroop Rotterdam eine kuratierte Sammlung hochwertiger Produkte, die das kulturelle Erbe und die kulinarischen Traditionen Rotterdams feiern. Besucher können köstliche Leckereien probieren, mit lokalen Kunsthandwerkern plaudern und eine Reihe einzigartiger Souvenirs besichtigen, die die Essenz der niederländischen Kultur und Handwerkskunst einfangen.

## Märkte und Flohmärkte

Rotterdams lebendige Marktszene verleiht dem geschäftigen Straßenleben der Stadt eine lebendige Dimension und bietet Besuchern eine vielfältige Auswahl an Waren und Leckereien zum Erkunden und Entdecken. Von geschäftigen Lebensmittelmärkten und Flohmärkten bis hin zu Messen für Kunsthandwerk bieten Rotterdams Märkte ein einzigartiges Einkaufserlebnis, das die kulturelle Vielfalt und den Unternehmergeist der Stadt widerspiegelt.

Einer der berühmtesten Märkte in Rotterdam ist die Markthal, ein atemberaubender Indoor-Lebensmittelmarkt, der in einem markanten hufeisenförmigen Gebäude im Stadtzentrum untergebracht ist. Die Markthal ist nicht nur ein Fest für die Sinne, sondern auch ein Beweis für Rotterdams architektonische Innovation, mit ihren farbenfrohen Wandgemälden an der gewölbten Decke und ihren zahlreichen Ständen, die eine köstliche Auswahl an lokalen und internationalen Köstlichkeiten anbieten. Besucher können durch die belebten Gänge schlendern, Käse, Fleisch, Meeresfrüchte und Gebäck aus aller Welt probieren und gleichzeitig die lebhafte Atmosphäre dieses geschäftigen Feinschmeckerparadieses genießen. Darüber hinaus verfügt die Markthal über eine Vielzahl an Ständen, an denen frische Produkte, Gewürze und handwerklich hergestellte Produkte verkauft werden, was sie zum perfekten Ziel für Feinschmecker und kulinarische Abenteurer gleichermaßen macht.

Rotterdam beherbergt mehrere Outdoor-Märkte und Flohmärkte, die Besuchern, die das pulsierende Straßenleben der Stadt erkunden und einzigartige Schätze entdecken möchten, zahlreiche Einkaufsmöglichkeiten bieten. Ein solcher Markt ist der Binnenrotte-Markt, der im Herzen des Stadtzentrums stattfindet und einer der größten und ältesten Märkte der Niederlande ist. Hier können Besucher an Hunderten von Ständen stöbern, an denen eine große Auswahl an Waren verkauft wird, darunter Kleidung, Accessoires, Blumen und Haushaltsgegenstände, und dabei die geschäftige Atmosphäre und die lebhafte Straßenunterhaltung genießen. Das vielfältige Angebot und die lebendige Atmosphäre des Marktes machen ihn zu einem beliebten Ziel für Einheimische und Touristen gleichermaßen. Sie bieten einen Einblick in das Alltagsleben in Rotterdam und die Möglichkeit, wie ein echter niederländischer Einheimischer einzukaufen.

Ein weiterer Höhepunkt der Rotterdamer Marktszene ist der Schwanenmarkt, eine wiederkehrende Veranstaltung, die monatlich an verschiedenen Orten in der Stadt stattfindet. Der Swan Market präsentiert die Arbeit lokaler Designer, Künstler und Unternehmer und bietet eine kuratierte Auswahl an handgefertigtem Kunsthandwerk, Vintage-Kleidung und einzigartigen Geschenken. Besucher können an Ständen stöbern, an denen Schmuck, Kleidung, Accessoires und Wohnaccessoires verkauft werden, einzigartige Schätze entdecken und gleichzeitig lokale Talente und Kreativität unterstützen. Die vielseitige Mischung an Anbietern und die lebhafte Atmosphäre des Marktes machen ihn zu einem beliebten Ziel für Modebegeisterte, Kunstliebhaber und alle, die etwas Besonderes als Erinnerung an ihre Zeit in Rotterdam mit nach Hause nehmen möchten.

Für diejenigen, die Rotterdams lebendige Flohmarktszene erkunden möchten, bietet der Flohmarkt Fenix Food Factory ein einzigartiges Einkaufserlebnis vor der Kulisse des historischen Viertels Katendrecht. Der Flohmarkt findet regelmäßig in der Fenix Food Factory statt, einer angesagten und trendigen Lebensmittelhalle in einem ehemaligen Lagerhaus, und bietet eine Vielzahl von Händlern, die Vintage-Kleidung, Antiquitäten, Sammlerstücke und handgefertigtes Kunsthandwerk verkaufen. Besucher können an den Ständen stöbern und nach versteckten Schätzen und einzigartigen Funden suchen, während sie Live-Musik, Speisen und Getränke aus der nahegelegenen Gastronomie genießen. Der vielseitige Warenmix und die entspannte Atmosphäre des Flohmarkts machen ihn zu einem beliebten Ziel für Schnäppchenjäger und Vintage-Enthusiasten und bieten ein unterhaltsames und unvergessliches Einkaufserlebnis im Herzen von Rotterdam.

## Souvenirs und NiederländischAndenken

Wenn Sie ein Stück Rotterdams Charme und Kultur mit nach Hause nehmen möchten, bietet die Stadt eine Reihe von Souvenirläden und Fachgeschäften, die auf niederländische Andenken und Erinnerungsstücke spezialisiert sind. Ein solches ikonisches Reiseziel ist die Delfter Töpferfabrik im historischen Stadtteil Delfshaven. Diese Fabrik ist bekannt für ihre handbemalte Delfter Keramik, Holzschuhe und Tulpenzwiebeln und bietet Besuchern ein umfassendes Erlebnis, bei dem sie Handwerkern bei der Arbeit zusehen können, wie sie mithilfe von Techniken, die über Generationen weitergegeben wurden, wunderschöne Töpferwaren herstellen. Von zarten blau-weißen Vasen bis hin zu aufwendig gestalteten Tellern und Fliesen – die Delfter Töpferfabrik ermöglicht es Besuchern, ein Stück niederländische Handwerkskunst und Tradition nach Hause zu bringen.

In der Innenstadt von Rotterdam wimmelt es von Souvenirläden und Geschenkeläden, die eine Vielzahl niederländischer Souvenirs und Erinnerungsstücke anbieten. Diese Geschäfte richten sich an Touristen aus der ganzen Welt und bieten alles von Miniatur-Windmühlen und Grachtenhausfiguren bis hin zu Postkarten und Kühlschrankmagneten mit ikonischen niederländischen Symbolen. Besucher können durch die belebten Straßen schlendern, durch die farbenfrohen Ausstellungen stöbern und das perfekte Andenken an ihre Zeit in Rotterdam auswählen. Ob es sich um ein Paar traditionelle Holzschuhe, ein Set Delfter Untersetzer oder eine Tüte authentischer Stroopwafels handelt – für Besucher, die die Essenz des reichen Kulturerbes Rotterdams einfangen möchten, mangelt es nicht an Möglichkeiten.

Für diejenigen, die ein wirklich einzigartiges Souvenir oder Geschenk suchen, bieten Rotterdams lokale Märkte und Flohmärkte eine Fundgrube an handgefertigtem Kunsthandwerk, Vintage-Schätzen und einzigartigen Fundstücken. Auf dem Binnenrotte-Markt, einem der größten und ältesten Märkte der Niederlande, bieten Hunderte von Händlern eine große Auswahl an Waren an, darunter Kleidung, Accessoires, Blumen und Haushaltsgegenstände. Hier können Besucher an Ständen voller niederländischer Köstlichkeiten stöbern, Käse, Gebäck und andere kulinarische Köstlichkeiten probieren und dabei nach dem perfekten Souvenir für zu Hause suchen. Ebenso präsentiert der Schwanenmarkt, der monatlich an verschiedenen Orten in der Stadt stattfindet, die Arbeit lokaler Designer, Künstler und Unternehmer und bietet handgefertigtes Kunsthandwerk, Vintage-Kleidung und einzigartige Geschenke, die Rotterdams kreativen Geist und Unternehmergeist widerspiegeln.

# KAPITEL 8

# NACHTLEBEN UND UNTERHALTUNG

Wenn die Sonne über den belebten Straßen Rotterdams untergeht, erwacht das Nachtleben der Stadt mit einer ansteckenden Energie zum Leben, die Einheimische und Besucher gleichermaßen in ihren Bann zieht. Rotterdams vielfältiges Unterhaltungsangebot sorgt dafür, dass für jeden etwas dabei ist, egal ob Sie Lust auf einen entspannten Abend in einer gemütlichen Bar oder eine aufregende Tanznacht in einem pulsierenden Nachtclub haben. Die lebendige Bar- und Kneipenszene der Stadt bietet eine Vielzahl von Möglichkeiten für diejenigen, die sich bei einem Drink in der Hand entspannen möchten, von trendigen Cocktailbars, die innovative Kreationen servieren, bis hin zu traditionellen holländischen Pubs, die eine warme und einladende Atmosphäre bieten. Berühmte Straßen wie die Witte de Withstraat und historische Viertel wie Oude Haven sind mit einer vielseitigen Mischung aus Kneipen übersät, wo Besucher bis spät in die Nacht lokal gebrautes Bier genießen, handgemachte Cocktails probieren und sich mit Einheimischen und Mitreisenden unterhalten können.

Für Musikliebhaber und Partygänger ist Rotterdams Nachtleben eine Fundgrube voller Spannung und Unterhaltung. Die Stadt verfügt über eine beeindruckende Auswahl an Nachtclubs und

Musiklokalen, in denen Top-DJs, Live-Bands und Künstler aus der ganzen Welt auf die Bühne kommen, um mitreißende Darbietungen zu liefern, die die Tanzfläche bis in die frühen Morgenstunden gefüllt halten. Ob Sie elektronische Beats, Indie-Jams oder Underground-Sounds mögen, Rotterdam bietet eine vielfältige Auswahl für jeden Musikgeschmack und jede Stimmung. Von ikonischen Veranstaltungsorten wie Maassilo, das in einem ehemaligen Getreidesilo untergebracht ist, bis hin zu multifunktionalen Räumen wie Annabel, die einen Nachtclub, einen Konzertsaal und ein Kulturzentrum vereinen, verspricht das Nachtleben der Stadt einen unvergesslichen Abend voller Musik, Tanz und Feierlichkeiten für alle die sich nach Einbruch der Dunkelheit hinauswagen.

## Bars und Pubs in Rotterdam

Rotterdams Nachtleben pulsiert vor Energie und das vielfältige Angebot an Bars und Pubs bietet für jeden Geschmack und jede Vorliebe etwas. Egal, ob Sie Lust auf innovative Cocktails, lokal gebrautes Bier oder traditionelle niederländische Gastfreundschaft haben, die lebendige Barszene der Stadt verspricht einen unvergesslichen Abend.

Die Witte de Withstraat ist ein Beweis für Rotterdams dynamisches Nachtleben und hat sich den Ruf als „Straße der Coolness“ verdient. Hier können sich Besucher auf ein Bar-Hopping-Abenteuer begeben und eine Vielzahl trendiger Bars und Pubs erkunden, die die belebte Straße säumen. Jedes Lokal entlang der Witte de Withstraat verfügt über ein einzigartiges Ambiente und Angebot, das von schicken Cocktaillounges bis hin zu entspannten Bierbars reicht. Für Cocktail-Enthusiasten sind Orte wie Ballroom und Dr. ein Muss, wo erfahrene Mixologen einfallsreiche Kreationen kreieren, die die Geschmacksknospen verwöhnen. Unterdessen können Bierliebhaber eine große Auswahl an lokal gebrauten Bieren in Lokalen wie dem Café De Witte Aap genießen, einer gemütlichen Bar, die für ihre entspannte Atmosphäre und freundliche Atmosphäre bekannt ist. Mit seiner lebhaften Atmosphäre und seinem vielfältigen Angebot ist Witte de Withstraat der perfekte Ort, um Ihren Abend mit einem Kneipenbummel in Rotterdam zu beginnen.

Wenn Sie bei einem Drink in die reiche maritime Geschichte Rotterdams eintauchen möchten, ist ein Besuch im Viertel Oude Haven ein Muss. Oude Haven liegt an der historischen Uferpromenade und beherbergt eine Reihe charmanter Pubs und Cafés, die einen ruhigen Rückzugsort vom Trubel des Stadtzentrums bieten. Hier können Besucher bei einem erfrischenden Bier oder einem Glas Genever, dem traditionellen holländischen Schnaps, entspannen und dabei die malerische Aussicht auf die Kanalboote und die historische Hafenpromenade genießen. Das Café De Ballentent, untergebracht in einem historischen Seecontainer, ist bei Einheimischen und Besuchern gleichermaßen beliebt und bietet eine gemütliche Atmosphäre und einen Panoramablick auf den Hafen.

Das Café Pol hingegen, das sich in einem historischen Gebäude aus dem 17. Jahrhundert befindet, strahlt den Charme und die Gastfreundschaft der alten Welt aus und ist somit der perfekte Ort, um einen Drink zu genießen und gleichzeitig die Atmosphäre des maritimen Erbes Rotterdams zu genießen. Egal, ob Sie einen gemütlichen Drink am Wasser genießen oder in die Geschichte der Stadt eintauchen möchten, Oude Haven bietet ein unvergessliches und typisch niederländisches Trinkerlebnis.

## Nachtclubs und Musiklokale

Rotterdams Nachtleben ist ein Synonym für seine lebendige Musikszene und die Stadt verfügt über eine Fülle von Nachtclubs und Musiklokalen, die den unterschiedlichsten Geschmäckern und Vorlieben gerecht werden. Von pulsierenden Tanzflächen bis hin zu intimen Konzertsälen bietet Rotterdam ein dynamisches Nachtleben, das einen unvergesslichen Abend voller Musik und Unterhaltung verspricht.

Maassilo ist ein hoch aufragendes Symbol des Rotterdamer Nachtlebens und befindet sich in den Industrieanlagen eines ehemaligen Getreidesilos. Dieser ikonische Musikveranstaltungsort hat für seine einzigartige Atmosphäre und sein vielseitiges Programm Anerkennung gefunden und beherbergt eine breite Palette von Veranstaltungen, die das gesamte musikalische Spektrum abdecken. Egal, ob Sie ein Techno-Fan, ein House-Musik-Fan oder einfach nur die

Nacht durchtanzen möchten, Maassilo bietet für jeden etwas. Sein höhlenartiger Innenraum bietet die perfekte Kulisse für immersive audiovisuelle Erlebnisse. Erstklassige Soundsysteme und hochmoderne Beleuchtungseinrichtungen sorgen dafür, dass jede Veranstaltung ein Fest für die Sinne für die Teilnehmer ist. Von Underground-Raves bis hin zu internationalen DJ-Sets ist Maassilo ein Muss für Musikliebhaber, die ein mitreißendes Nachtleben in Rotterdam suchen.

Ein weiterer herausragender Veranstaltungsort im Rotterdamer Nachtleben ist Annabel, ein facettenreicher Ort, der die Energie eines Nachtclubs nahtlos mit der Intimität eines Konzertsaals verbindet. Annabel liegt im Herzen der Stadt und verfügt über eine vielseitige Raumaufteilung, die Platz für eine Vielzahl von Veranstaltungen bietet, von pulsierenden DJ-Abenden bis hin zu Live-Band-Auftritten. Das Engagement des Veranstaltungsortes für Vielfalt und Inklusivität spiegelt sich in seinem Programm wider, das eine Mischung aus lokalen Talenten und internationalen Acts aus Genres wie Elektronik, Hip-Hop, Indie und mehr bietet. Mit seinem eleganten Design, dem hochmodernen Soundsystem und der lebendigen Atmosphäre hat sich Annabel zu einem kulturellen Zentrum entwickelt, in dem Musikliebhaber zusammenkommen können, um neue Klänge zu entdecken, die Nacht durchzutanzen und unvergessliche Erinnerungen zu schaffen.

Für diejenigen, die ein intimeres und unterirdisches Nachtlebenerlebnis suchen, bietet Rotterdam eine Fülle kleinerer Clubs und Veranstaltungsorte, die auf Nischenmusikgeschmäcker eingehen. Bird im historischen Stadtteil Katendrecht ist ein beliebter Jazzclub und Veranstaltungsort für Live-Musik, der das Beste aus zeitgenössischem Jazz, Soul, Funk und darüber hinaus präsentiert. Mit seiner gemütlichen Atmosphäre und der intimen Bühne bietet Bird Musikbegeisterten ein immersives und hautnahes Erlebnis, das es ihnen ermöglicht, auf einer persönlicheren Ebene mit Künstlern in Kontakt zu treten. Die BAR liegt im Herzen des Ausgehviertels der Stadt und ist ein multifunktionaler Raum, der die Grenzen zwischen Nachtclub, Bar und kulturellem Veranstaltungsort verwischt. Mit seinem vielseitigen Programm, der vielseitigen Dekoration und der entspannten Atmosphäre ist BAR zu einem beliebten Treffpunkt für Einheimische und Besucher geworden, die neue Klänge und Erfahrungen im sich ständig weiterentwickelnden Nachtleben Rotterdams entdecken möchten.

Rotterdam ist auch die Heimat einer florierenden Underground-Szene, die DIY-Kultur und alternative Musik zelebriert. WORM befindet sich im Cool-Viertel der Stadt und ist eine bahnbrechende Kulturinstitution, die eine breite Palette experimenteller Darbietungen, Filmvorführungen und Veranstaltungen veranstaltet, die die Grenzen von Kunst und Musik überschreiten. Mit seinem Engagement für Innovation und Kreativität dient WORM als Leuchtturm für Künstler und Publikum gleichermaßen, die von seinem vielseitigen und avantgardistischen Programm angezogen werden. Ob Sie sich für Noise-Musik, Avant-Pop oder Multimedia-Auftritte interessieren, WORM bietet einen Raum, in dem Experimente gefördert werden und dem künstlerischen Ausdruck keine Grenzen gesetzt sind.

## Kulturelle Darbietungen und Theater

Rotterdams Kulturlandschaft ist reich und vielfältig und bietet eine Fülle von Theatern, Veranstaltungsorten und Kultureinrichtungen, die ein breites Spektrum an künstlerischen Geschmäckern und Vorlieben bedienen. Ganz gleich, ob Sie ein Fan von Theater, Tanz, Oper oder Musik sind, in Rotterdams lebendiger Kunstszene ist für jeden etwas dabei.

Im Herzen der Rotterdamer Kulturszene liegt die Rotterdamse Schouwburg, das Haupttheater der Stadt und ein Zentrum für künstlerische Exzellenz. Die im geschäftigen Stadtzentrum gelegene Rotterdamse Schouwburg blickt auf eine bewegte Geschichte zurück, die bis ins späte 19. Jahrhundert zurückreicht, und ist seitdem ein Leuchtturm für darstellende Künste. Seine eleganten Säle und hochmodernen Einrichtungen bieten den perfekten Rahmen für eine Vielzahl von Aufführungen, von klassischen Theaterstücken und zeitgenössischem Theater bis hin zu Ballett, Oper und Symphoniekonzerten. Besucher können in erstklassige Produktionen renommierter Theatergruppen, Tanzgruppen und Orchester eintauchen oder anregende Vorträge, Workshops und kulturelle Veranstaltungen besuchen, die den Geist anregen und die Fantasie anregen. Mit ihrem Engagement für künstlerische Innovation und kulturelle Vielfalt ist die Rotterdamse Schouwburg ein Beweis für den Status der Stadt als lebendige Kulturhauptstadt der Niederlande.

Für ein intimeres und vielseitigeres Kulturerlebnis bietet das Theater Walhalla einen charmanten und gemütlichen Veranstaltungsort im historischen Stadtteil Katendrecht. Das in einer ehemaligen Kirche untergebrachte Theater Walhalla strahlt eine Wärme und Intimität aus, die es von größeren Theatern unterscheidet. Sein vielseitiges Programm spiegelt den kreativen Geist Rotterdams wider und bietet ein vielfältiges Programm an Aufführungen, das Genres wie Kabarett, Comedy, Live-Musik und experimentelles Theater umfasst. Ganz gleich, ob Sie mit einem Stand-up-Comedian lachen, einer Live-Band mit den Füßen wippen oder in einem zum Nachdenken anregenden Theater über die tieferen Fragen des Lebens nachdenken – das Theater Walhalla bietet ein einzigartiges und umfassendes Kulturerlebnis, das das reiche künstlerische Erbe der Stadt feiert und kreative Vitalität.

Mittlerweile gilt das Nieuwe Luxor Theater als Leuchtturm der Unterhaltung und Kultur am Ufer der Maas und bietet ein vielfältiges Programm aus Theaterproduktionen, Musicals, Konzerten und Comedy-Shows. Mit seinen modernen Einrichtungen und geräumigen Sälen bietet das Nieuwe Luxor Theater dem Publikum einen komfortablen und einladenden Raum, um einen Theaterabend zu genießen. Egal, ob Sie ein Blockbuster-Musical, ein klassisches Konzert oder eine Stand-up-Comedy-Aufführung besuchen, das Nieuwe Luxor Theater verspricht ein unvergessliches Erlebnis, das erstklassige Unterhaltung mit erstklassiger Gastfreundschaft verbindet.

## Veranstaltungen und Festivals in Rotterdam

Rotterdams lebhafte Veranstaltungen und Festivals zeigen das ganze Jahr über die Vielfalt, Kreativität und Dynamik der Stadt. Von Filmfestivals über Musikspektakel bis hin zu kulturellen Feiern – in Rotterdam ist immer etwas los, um die Besucher zu unterhalten und zu inspirieren.

Eine der prestigeträchtigsten Veranstaltungen der Stadt ist das Rotterdam International Film Festival (IFFR), das jährlich im Januar stattfindet. Dieses international gefeierte Filmfestival zieht Filmemacher, Branchenprofis und Cineasten aus der ganzen Welt an und präsentiert eine vielfältige Auswahl an internationalen Filmen, Dokumentationen und Kurzfilmen, die die Grenzen des filmischen Geschichtenerzählens sprengen. Mit Vorführungen, Frage-und-Antwort-Runden und Sonderveranstaltungen an verschiedenen Veranstaltungsorten in der ganzen Stadt bietet das IFFR Filmbegeisterten eine einzigartige Gelegenheit, bahnbrechende Werke zu entdecken und mit

Filmemachern mit unterschiedlichem kulturellen Hintergrund in Kontakt zu treten.

Wenn der Sommer naht, verwandelt sich Rotterdam während des North Sea Jazz Festival, einem der größten Indoor-Musikfestivals der Welt, in ein Paradies für Musikliebhaber. Diese dreitägige Extravaganz findet im Ahoy Rotterdam Convention Center statt und bietet Auftritte von Top-Jazz-, Blues-, Soul- und Funk-Künstlern aus der ganzen Welt sowie aufstrebenden Talenten und lokalen Acts. Mit mehreren Bühnen, einem vielfältigen Programm und einer lebendigen Atmosphäre verspricht das North Sea Jazz Festival ein unvergessliches Wochenende voller musikalischer Entdeckungen und Feierlichkeiten für Publikum jeden Alters und Geschmacks.

In Rotterdam finden auch zahlreiche kulturelle Veranstaltungen und Feiern statt, die das reiche Erbe und die globalen Einflüsse der Stadt präsentieren. Rotterdam Unlimited, das im Juli stattfindet, ist eine solche Veranstaltung, die Gemeinden aus der ganzen Stadt und darüber hinaus zu einem farbenfrohen und lebendigen Fest mit Musik, Tanz und Kultur zusammenbringt. Von Live-Auftritten und Straßenparaden bis hin zu Kulturveranstaltungen und Lebensmittelmessen bietet Rotterdam Unlimited ein dynamisches und umfassendes Erlebnis, das die multikulturelle Identität der Stadt feiert und ein besseres Verständnis und eine größere Wertschätzung ihrer vielfältigen Gemeinschaften fördert.

Ein weiterer Höhepunkt im Rotterdamer Veranstaltungskalender sind die Welthafentage, die jährlich im September stattfinden. Dieses maritime Themenfest feiert das reiche maritime Erbe der Stadt und ihren Status als einer der größten und verkehrsreichsten Häfen der Welt. Besucher können Bootstouren, Hafenrundfahrten und Schiffsbesichtigungen sowie Live-Demonstrationen, Aufführungen und Ausstellungen genießen, die die wichtige Rolle des Hafens in Rotterdams Vergangenheit, Gegenwart und Zukunft zeigen.

# KAPITEL 9

# PRAKTISCH INFORMATION FÜR REISENDE

Praktische Informationen sind auf jeden Fall der Schlüssel für eine stressfreie Reise nach Rotterdam. Beginnen wir mit den Unterkunftsmöglichkeiten. Rotterdam bietet eine große Auswahl für unterschiedliche Budgets und Vorlieben. Für diejenigen, die Luxus suchen, gibt es im Stadtzentrum gehobene Hotels wie das Mainport Hotel und das Marriott Rotterdam, die erstklassige Annehmlichkeiten und Dienstleistungen bieten. Boutique-Hotels wie das Hotel New York und das King Kong Hostel bieten ein intimeres und einzigartiges Erlebnis mit stilvollem Interieur und persönlichem Service. Preisbewusste Reisende können sich für erschwingliche Hostels wie das Hostel ROOM Rotterdam und das Ani & Haakien Hostel entscheiden, die saubere und komfortable Unterkünfte mit sozialer Atmosphäre bieten. Unabhängig von Ihrer Wahl bietet ein Aufenthalt im Stadtzentrum bequemen Zugang zu Sehenswürdigkeiten, Restaurants und dem Nachtleben.

Lassen Sie uns nun über Transporttipps sprechen. Dank des effizienten öffentlichen Verkehrssystems und der fahrradfreundlichen Infrastruktur ist Rotterdam ein Kinderspiel. Das öffentliche Verkehrsnetz der Stadt umfasst Straßenbahnen, Busse und U-Bahnlinien, die alle mit der OV-Chipkaart erreichbar sind. Radfahren ist ebenfalls eine beliebte und bequeme Option, da es in der ganzen Stadt Fahrradverleihe und Bike-Sharing-Angebote gibt. Für diejenigen, die lieber zu Fuß gehen, sind viele Sehenswürdigkeiten in Rotterdam nur wenige Gehminuten voneinander entfernt, insbesondere im kompakten und fußgängerfreundlichen Stadtzentrum. Durch die Nutzung dieser Transportmöglichkeiten können Reisende die vielfältigen Viertel und Sehenswürdigkeiten Rotterdams bequem erkunden und so das Beste aus ihrer Zeit in dieser pulsierenden niederländischen Stadt machen.

## Unterkunftsmöglichkeiten

Wenn es um Unterkunftsmöglichkeiten in Rotterdam geht, haben Besucher die Qual der Wahl. Ob Sie nach luxuriösen Hotels, charmanten Boutique-Unterkünften oder preisgünstigen Hostels suchen, Rotterdam hat für jeden etwas zu bieten.

Beginnend mit Luxushotels bietet das Stadtzentrum von Rotterdam einige der besten Unterkünfte in den Niederlanden. Das Mainport Hotel ist ein Paradebeispiel für Luxus und bietet elegante, moderne Zimmer mit atemberaubendem Blick auf die Skyline der Stadt und den Fluss Maas. Gäste können Annehmlichkeiten wie ein Spa, ein Wellnesscenter und ein mit einem Michelin-Stern ausgezeichnetes Restaurant genießen. Ebenso ist das Marriott Rotterdam für seine eleganten Zimmer, seinen tadellosen Service und seine zentrale

Lage bekannt, was es zur idealen Wahl für anspruchsvolle Reisende macht, die Komfort und Bequemlichkeit suchen.

Für diejenigen, die ein intimeres und einzigartigeres Erlebnis bevorzugen, bieten Boutique-Hotels in Rotterdam eine charmante Alternative. Das Hotel New York, untergebracht in einem historischen Gebäude, das einst als Hauptquartier der Holland America Line diente, versprüht mit seiner Einrichtung im maritimen Stil und der atemberaubenden Aussicht auf das Wasser den Charme der alten Welt. Freuen Sie sich auf geräumige Zimmer, eine gemütliche Bibliothek und ein hoteleigenes Restaurant, das köstliche niederländische Küche serviert. Eine weitere herausragende Boutique-Option ist das King Kong Hostel im belebten Viertel Witte de Withstraat. Dieses ausgefallene Hostel verfügt über farbenfrohe Themenzimmer, eine lebhafte Bar und eine Dachterrasse mit Panoramablick auf die Stadt – die perfekte Wahl für Reisende, die eine unterhaltsame und gesellige Atmosphäre suchen.

Für preisbewusste Reisende und Rucksacktouristen bietet Rotterdam eine Vielzahl erschwinglicher Hostelunterkünfte. Das Hostel ROOM Rotterdam liegt zentral in der Nähe der wichtigsten Sehenswürdigkeiten der Stadt und bietet komfortable Zimmer im Schlafsaalstil mit Gemeinschaftsbad. Das Hostel verfügt außerdem über eine Gemeinschaftsküche, einen Loungebereich und einen Fahrradverleih, was es zu einer bequemen und preisgünstigen Wahl für Reisende macht. Ebenso bietet das Ani & Haakien Hostel eine gemütliche und einladende Atmosphäre mit Schlafsälen und Privatzimmern zu erschwinglichen Preisen. Dieses Hostel befindet sich in einem charmanten historischen Gebäude im Viertel Oude Westen und bietet eine gute Anbindung an die öffentlichen Verkehrsmittel. Viele der wichtigsten Sehenswürdigkeiten und Attraktionen Rotterdams sind zu Fuß erreichbar.

Egal, ob Sie auf der Suche nach Luxus, Charme oder Erschwinglichkeit sind, Rotterdams Unterkunftsmöglichkeiten bieten für jeden Geschmack und jedes Budget etwas und sorgen für einen komfortablen und angenehmen Aufenthalt in dieser pulsierenden niederländischen Stadt.

## Transporttipps

Bei der Navigation durch Rotterdam können sich Reisende auf das effiziente öffentliche Verkehrssystem, die fahrradfreundliche Infrastruktur und die fußgängerfreundlichen Straßen verlassen, um sich einfach und bequem in der Stadt fortzubewegen.

Rotterdams öffentliches Verkehrsnetz ist umfangreich und gut ausgebaut und besteht aus Straßenbahnen, Bussen und U-Bahnlinien, die eine umfassende Abdeckung der Stadt und ihrer umliegenden Gebiete ermöglichen. Die OV-chipkaart, eine kontaktlose Smartcard, ist das wichtigste Zahlungsmittel für öffentliche Verkehrsmittel in den Niederlanden.

Reisende können eine OV-Chipkaart an Automaten in U-Bahn-Stationen, Bahnhöfen und einigen Supermärkten kaufen und diese mit Guthaben aufladen, um sie für ihre Reisen zu verwenden. Mit der OV-chipkaart können Fahrgäste problemlos zwischen verschiedenen Verkehrsmitteln, einschließlich Straßenbahnen, Bussen und U-Bahnlinien, umsteigen, ohne für jede Fahrt ein separates Ticket kaufen zu müssen. Dieses integrierte Ticketsystem macht das Reisen in Rotterdam reibungslos und bequem und ermöglicht es den Passagieren, die Stadt problemlos zu erkunden.

Für Reisende, die eine aktivere und umweltfreundlichere Fortbewegungsart bevorzugen, ist Radfahren in Rotterdam eine hervorragende Option. Das flache Gelände der Stadt, das ausgedehnte Radwegenetz und die fahrradfreundliche Infrastruktur machen die Fortbewegung mit dem Fahrrad einfach und sicher. Besucher können Fahrräder in verschiedenen Fahrradverleihgeschäften in der ganzen Stadt mieten und dabei aus einer Reihe von Fahrradtypen und -modellen auswählen, die ihren Vorlieben entsprechen. Darüber hinaus bietet Rotterdam ein Bike-Sharing-Programm namens OV-fiets an, das es Reisenden ermöglicht, Fahrräder für den kurzfristigen Gebrauch zu erschwinglichen Preisen zu mieten. Mit OV-Fiets können Benutzer Fahrräder an bestimmten Orten in der ganzen Stadt abholen und abgeben, was es zu einer bequemen Option macht, Rotterdams

Sehenswürdigkeiten und Viertel auf zwei Rädern zu erkunden.

Zu Fuß zu gehen ist eine weitere beliebte und bequeme Möglichkeit, sich in Rotterdam fortzubewegen, insbesondere im Stadtzentrum. Viele der Sehenswürdigkeiten, Einkaufsstraßen, Restaurants und kulturellen Einrichtungen Rotterdams liegen nur wenige Gehminuten voneinander entfernt, sodass Reisende die Stadt zu Fuß in ihrem eigenen Tempo erkunden können. Die Innenstadt ist kompakt und fußgängerfreundlich, mit breiten Gehwegen, Fußgängerzonen und Grünflächen, die das Spazierengehen zu einem angenehmen und angenehmen Erlebnis machen. Reisende können gemütliche Spaziergänge durch die belebten Straßen der Witte de Withstraat unternehmen, die historische Uferpromenade von Oude Haven erkunden oder durch die malerischen Parks und Gärten des Museumparks schlendern – alles zu Fuß. Beim Wandern können Reisende nicht nur in die lebendige Atmosphäre Rotterdams eintauchen, sondern auch unterwegs versteckte Schätze und lokale Sehenswürdigkeiten entdecken.

Ganz gleich, ob Sie mit öffentlichen Verkehrsmitteln, mit dem Fahrrad oder zu Fuß reisen, Rotterdam bietet eine Vielzahl an Transportmöglichkeiten, die den Bedürfnissen und Vorlieben jedes Reisenden gerecht werden. Mit seinem effizienten öffentlichen Verkehrsnetz, der fahrradfreundlichen Infrastruktur und den fußgängerfreundlichen Straßen ist die

Fortbewegung in Rotterdam einfach, bequem und angenehm, sodass Besucher die Sehenswürdigkeiten, Viertel und kulturellen Sehenswürdigkeiten der Stadt problemlos erkunden können.

## Sicherheits- und Notfallkontakte

Die Gewährleistung Ihrer Sicherheit beim Reisen in Rotterdam ist von größter Bedeutung, und die Einhaltung vernünftiger Sicherheitstipps kann dazu beitragen, dass Ihr Aufenthalt in der Stadt reibungslos und sicher verläuft.

Zuallererst ist es wichtig, wachsam zu bleiben und sich der Umgebung bewusst zu sein, insbesondere in überfüllten Gegenden und an Touristenhochburgen. Während Rotterdam im Allgemeinen als sicher für Reisende gilt, ist es dennoch ratsam, Vorsicht walten zu lassen, insbesondere in belebten Gegenden, in denen Taschendiebe tätig sein können. Achten Sie auf Ihr Hab und Gut und vermeiden Sie es, große Summen an Bargeld oder Wertgegenständen bei sich zu haben, wenn Sie die Stadt erkunden. Entscheiden Sie sich stattdessen für einen sicheren Geldgürtel oder eine Reisebrieftasche, um Ihre wichtigsten Dinge sicher und leicht zugänglich aufzubewahren.

ICHEs ist wichtig, vor Taschendieben auf der Hut zu sein, insbesondere an überfüllten Orten wie öffentlichen Verkehrsmitteln, Märkten und beliebten Touristenattraktionen. Diebe haben es in diesen

Gegenden häufig auf ahnungslose Reisende abgesehen. Bleiben Sie also wachsam und bewahren Sie Ihre Habseligkeiten immer in der Nähe auf. Erwägen Sie die Verwendung von diebstahlsicheren Taschen oder Rucksäcken mit versteckten Fächern und schlagfesten Materialien für zusätzliche Sicherheit. Vermeiden Sie außerdem die Präsentation teurer Geräte oder Schmuckstücke, die unerwünschte Aufmerksamkeit erregen könnten.

Um Ihre Sicherheit und Ihr Wohlbefinden während Ihrer Reise in Rotterdam zu gewährleisten, ist es auch wichtig, die örtlichen Gepflogenheiten und Gesetze zu respektieren. Achten Sie auf kulturelle Unterschiede und zeigen Sie im Umgang mit Einheimischen kulturelle Sensibilität. Machen Sie sich mit den niederländischen Bräuchen und der niederländischen Etikette vertraut, z. B. mit der Begrüßung von Personen per Handschlag, der Anrede mit ihrem Nachnamen und der Unterlassung sensibler Themen wie Politik oder Religion, es sei denn, dies wird von Ihren niederländischen Kollegen initiiert.

Im Notfall ist es wichtig zu wissen, wie man die zuständigen Behörden kontaktieren kann, um Hilfe zu erhalten. Die Notrufnummer in den Niederlanden, einschließlich Rotterdam, ist 112, über die Sie mit Polizei, Feuerwehr und medizinischen Diensten verbunden sind. Diese Nummer sollte im Falle eines lebensbedrohlichen Notfalls oder wenn sofortige Hilfe erforderlich ist, gewählt werden. Wenn es sich nicht um polizeiliche Hilfe handelt oder um eine Straftat zu melden, können Sie 0900-8844 wählen, die allgemeine Kontaktnummer der Polizei. Es empfiehlt sich, diese Nummern in Ihr Telefon einzuprogrammieren oder sie für Notfälle während Ihres Aufenthalts in Rotterdam griffbereit zu haben.

FMachen Sie sich mit der Lage der nächstgelegenen medizinischen Einrichtungen und Krankenhäuser in Rotterdam vertraut, insbesondere wenn Sie unter Vorerkrankungen leiden oder während Ihrer Reise möglicherweise medizinische Hilfe benötigen. Erasmus MC mit Sitz in 's-Gravendijkwal 230, 3015 CE Rotterdam, ist eines der größten Krankenhäuser der Stadt und vom Stadtzentrum aus leicht zu erreichen. Es bietet eine Reihe medizinischer Dienstleistungen an, darunter Notfallversorgung, Spezialbehandlungen und ambulante Dienste, um sicherzustellen, dass Reisende bei Bedarf Zugang zu hochwertiger Gesundheitsversorgung haben.

Wenn Reisende diese Sicherheitstipps befolgen und wissen, wie sie Notfallhilfe erhalten, können sie die pulsierende Stadt Rotterdam auf sichere Weise erkunden. Mit seiner einladenden Atmosphäre, der vielfältigen Kultur und der Fülle an Attraktionen bietet Rotterdam Besuchern aus aller Welt ein unvergessliches Reiseerlebnis.

## Geldangelegenheiten: Währung, Geldautomaten und Trinkgeld

Wenn Sie nach Rotterdam reisen, ist es wichtig, Geldangelegenheiten zu verstehen, um einen reibungslosen und stressfreien Aufenthalt in der Stadt zu gewährleisten. Hier finden Sie alles, was Sie über Währung, Geldautomaten und Trinkgeld in Rotterdam wissen müssen:

**Währung**:
Die offizielle Währung der Niederlande ist der Euro (EUR), der im ganzen Land, einschließlich Rotterdam, verwendet wird. Der Euro ist in 100 Cent unterteilt und Banknoten gibt es in den Nennwerten 5 €, 10 €, 20 €, 50 €, 100 €, 200 € und 500 €. Münzen sind im Wert von 1, 2, 5, 10, 20 und 50 Cent sowie 1 € und 2 € erhältlich. Es ist ratsam, eine Mischung aus Bargeld und Karten bei sich zu haben, da nicht alle Geschäfte Karten akzeptieren, insbesondere in entlegeneren Gegenden oder für kleinere Einkäufe.

**Geldautomaten**:
Geldautomaten sind in Rotterdam leicht verfügbar, vor allem im Stadtzentrum, in Einkaufsvierteln und Touristengebieten. Die meisten Geldautomaten akzeptieren gängige Kredit- und Debitkarten, darunter Visa, MasterCard, Maestro und American Express. Allerdings ist es wichtig, sich über mögliche Gebühren im Klaren zu sein, die mit der Nutzung von Geldautomaten verbunden sind, insbesondere wenn Sie

eine von einer ausländischen Bank ausgestellte Karte verwenden. Diese Gebühren können eine vom Geldautomatenbetreiber erhobene Pauschalgebühr und/oder eine von Ihrer Bank erhobene Währungsumrechnungsgebühr umfassen.

**Kippen**:
Die Trinkgeldgewohnheiten in den Niederlanden, einschließlich Rotterdam, unterscheiden sich von denen in anderen Ländern. Trinkgeld ist zwar nicht obligatorisch, es ist jedoch üblich, die Rechnung aufzurunden oder ein kleines Trinkgeld (normalerweise 5–10 %) für außergewöhnlichen Service in Restaurants, Cafés und Bars zu hinterlassen. In vielen Betrieben ist eine Servicegebühr möglicherweise bereits in der Rechnung enthalten. Informieren Sie sich daher unbedingt, bevor Sie ein zusätzliches Trinkgeld geben. Darüber hinaus wird es geschätzt, aber nicht obligatorisch, Taxifahrern, Hotelmitarbeitern und Reiseleitern Trinkgeld zu geben. Wenn Sie einen hervorragenden Service erhalten, zeigen Sie Ihre Wertschätzung gerne mit einem kleinen Trinkgeld.

# KAPITEL 10

# INSIDER TIPPS FÜR A UNVERGESSLICHES ROTTERDAM-ERLEBNIS

Um wirklich in die lebendige Kultur und den Charme Rotterdams einzutauchen, sollten Sie in Betracht ziehen, abseits der ausgetretenen Pfade verborgene Schätze und weniger bekannte Attraktionen zu entdecken. Erkunden Sie Viertel wie Delfshaven, wo Sie durch Kopfsteinpflasterstraßen schlendern, historische Architektur bewundern und die ruhige Atmosphäre des Hafens genießen können. Besuchen Sie die Van Nelle Fabriek, ein UNESCO-Weltkulturerbe, das Führungen anbietet, die Rotterdams industrielles Erbe und architektonische Innovation zeigen. Verpassen Sie außerdem nicht die Witte de Withstraat, eine belebte Straße, die für ihre trendigen Bars und ihr pulsierendes Nachtleben bekannt ist, aber auch vielseitige Geschäfte, Kunstgalerien und gemütliche Cafés beherbergt, in denen Sie Rotterdams kreativen Geist und die lokale Kultur erleben können.

Tauchen Sie tiefer in Rotterdams verborgene Schätze ein und entdecken Sie einzigartige Erlebnisse abseits der typischen Touristenpfade. Entdecken Sie Miniworld Rotterdam, eine Indoor-Attraktion, die eine Miniaturansicht der Wahrzeichen und des täglichen Lebens der Stadt bietet. Bewundern Sie die komplizierten Details winziger Züge, belebter Straßen und Miniaturnachbildungen berühmter Wahrzeichen Rotterdams und erleben Sie eine skurrile und eindringliche Reise durch die Geschichte und Kultur der Stadt. Wenn Sie sich diese Insidertipps zu eigen machen, können Sie unvergessliche Erinnerungen schaffen und eine tiefere Verbindung zur dynamischen Atmosphäre und der lokalen Gemeinschaft Rotterdams aufbauen.

## Attraktionen abseits der ausgetretenen Pfade

Delfshaven liegt im westlichen Teil Rotterdams und ist ein verstecktes Juwel, das einen Einblick in die reiche maritime Geschichte und das kulturelle Erbe der Stadt bietet. Delfshaven war einst eine eigenständige Gemeinde und wurde Ende des 19. Jahrhunderts von Rotterdam annektiert, hat aber seinen besonderen Charakter und Charme bewahrt. Besucher von Delfshaven können durch die engen Gassen mit historischen Gebäuden schlendern, die ruhigen Kanäle erkunden und die Atmosphäre dieses malerischen Viertels genießen.

Einer der Höhepunkte von Delfshaven ist die Pilgerväterkirche, auch bekannt als Oude Kerk (Alte Kirche). Diese historische Kirche stammt aus dem 14. Jahrhundert und spielte eine bedeutende Rolle in der frühen Geschichte der Vereinigten Staaten. Im Jahr 1620 floh eine Gruppe englischer Separatisten, bekannt als die Pilger, vor der religiösen Verfolgung in England und segelte an Bord der Mayflower in die Neue Welt. Die Pilger machten zunächst Halt in Leiden, wo sie mehrere Jahre lebten, bevor sie schließlich nach Amerika aufbrachen. Eine Gruppe von Pilgern blieb jedoch in Leiden zurück und wanderte später nach Delfshaven aus, wo sie in der Oude Kerk beteten, bevor sie ihre Reise nach Amerika antraten. Heute können Besucher die Kirche erkunden und mehr über ihre Verbindung zu den Pilgern und der frühen Besiedlung Amerikas erfahren.

Delfshaven ist auch die Heimat einer lebhaften Restaurant- und Nachtlebenszene mit zahlreichen Cafés, Restaurants und Bars, die es zu erkunden gilt. Besucher können auf einer der Terrassen am Wasser mit Blick auf den Hafen entspannen, traditionelle niederländische Küche in einem örtlichen Restaurant probieren oder einen Drink in einem der gemütlichen Pubs des Viertels genießen. Mit seiner bezaubernden Atmosphäre und reichen Geschichte bietet Delfshaven ein einzigartiges und unvergessliches Erlebnis für Besucher, die der Hektik des Stadtzentrums entfliehen und Rotterdams verborgenen Charme entdecken möchten.

Eine weitere abgelegene Sehenswürdigkeit in Rotterdam ist die Van Nelle Fabriek, ein beeindruckendes Beispiel modernistischer Architektur und Industriedesign. Die zwischen 1925 und 1931 erbaute Van Nelle Fabriek war einst eine der größten und innovativsten Fabriken Europas und produzierte

Kaffee, Tee und Tabakwaren. Entworfen vom Architekten Leendert van der Vlugt in Zusammenarbeit mit dem Bauingenieur J.G. Wiebenga und dem Industriedesigner Mart Stam ist die Fabrik bekannt für ihr funktionalistisches Design mit großen Fenstern, klaren Linien und offenen Grundrissen, bei denen natürliches Licht und Belüftung im Vordergrund stehen.

Im Jahr 2014 wurde die Van Nelle Fabriek in Anerkennung ihrer architektonischen Bedeutung und ihres Beitrags zum modernistischen Design zum UNESCO-Weltkulturerbe erklärt. Heute wurde die Fabrik zu einem multifunktionalen Raum umfunktioniert, in dem Veranstaltungen, Ausstellungen und kulturelle Aktivitäten stattfinden. Besucher können an Führungen durch die Fabrik teilnehmen, um mehr über ihre Geschichte und architektonischen Besonderheiten zu erfahren, darunter die ikonischen Glasfassaden, Betonstrukturen und den innovativen Einsatz von Materialien. Die Van Nelle Fabriek ist ein Zeugnis der industriellen Vergangenheit Rotterdams und des anhaltenden Engagements für die Bewahrung und Würdigung seines architektonischen Erbes.

## Versteckte Juwelen in Rotterdam

Versteckt im Herzen von Rotterdam ist die Witte de Withstraat eine lebendige und vielseitige Straße, die eine Schatzkammer versteckter Schätze bietet, die darauf warten, entdeckt zu werden. Während die Straße vor allem für ihr pulsierendes Nachtleben mit trendigen

Bars und Restaurants an den Gehwegen bekannt ist, bietet sie auch eine Reihe einzigartiger Geschäfte, Kunstgalerien und Cafés, die die unterschiedlichsten Geschmäcker und Interessen bedienen. Von Ausstellungen zeitgenössischer Kunst bis hin zu gemütlichen Cafés, die köstliche Snacks und Getränke servieren: Witte de Withstraat ist ein verstecktes Juwel, das nur darauf wartet, erkundet zu werden.

Einer der Höhepunkte von Witte de Withstraat ist seine blühende Kunst- und Kulturszene mit mehreren Galerien und Ausstellungsräumen, die die Werke lokaler und internationaler Künstler präsentieren. Kunstliebhaber können in Galerien für zeitgenössische Kunst wie TENT Rotterdam und A Tale of a Tub stöbern, die wechselnde Ausstellungen modernster zeitgenössischer Kunst in verschiedenen Medien zeigen. Besucher können auch Studio Seine erkunden, einen kreativen Raum, der Ausstellungen, Workshops und Veranstaltungen mit den Schwerpunkten Fotografie, Design und visuelle Kultur veranstaltet. Mit seinem ständig wechselnden Angebot an Ausstellungen und Veranstaltungen bietet Witte de Withstraat ein dynamisches und fesselndes Kunsterlebnis für Besucher und Einheimische gleichermaßen.

In der Witte de Withstraat gibt es außerdem eine Vielzahl einzigartiger Geschäfte und Boutiquen, die alles von Mode und Accessoires bis hin zu Haushaltswaren und Geschenken verkaufen. Besucher können in vielseitigen Boutiquen wie Groos stöbern, das die Arbeit lokaler Designer und Hersteller präsentiert, oder Vintage- und Second-Hand-Bekleidungsgeschäfte wie Episode und Granny's Finest erkunden. Für diejenigen, die sich für Design- und Lifestyle-Produkte interessieren, bieten Concept Stores wie Uit Je Eigen Stad und Lof der Zoetheid eine kuratierte Auswahl an Wohnaccessoires, Accessoires und Gourmet-Lebensmitteln. Egal, ob Sie auf der Suche nach dem perfekten Souvenir sind oder einfach nur Spaß daran haben, in einzigartigen Geschäften zu stöbern, in der Witte de Withstraat gibt es für jeden etwas zu entdecken.

Ein weiteres verstecktes Juwel in Rotterdam ist Miniworld Rotterdam, eine bezaubernde Indoor-Attraktion, die einen Miniatureinblick in die Vergangenheit, Gegenwart und Zukunft der Stadt bietet. Miniworld Rotterdam befindet sich im Stadtzentrum und bietet sorgfältig gefertigte Miniaturnachbildungen berühmter Rotterdamer Wahrzeichen, belebter Stadtstraßen und malerischer Landschaften, die alle durch fahrende Züge, Autos und Menschen zum Leben erweckt werden. Besucher können die winzigen Details und die aufwendige Handwerkskunst der Miniaturwelt bestaunen, die einen faszinierenden Einblick in die Geschichte, Architektur und das tägliche Leben Rotterdams bietet.

Einer der Höhepunkte der Miniworld Rotterdam sind ihre interaktiven Ausstellungen und immersiven Erlebnisse, die es den Besuchern ermöglichen, auf einzigartige und unterhaltsame Weise mit der Miniaturwelt in Kontakt zu treten. Sowohl Kinder als auch Erwachsene können Züge steuern, Ampeln steuern und sogar an einer Miniaturschatzsuche teilnehmen, was dem Erlebnis noch mehr Spaß und Spannung verleiht. Mit seinen fesselnden Ausstellungen, spannenden Aktivitäten und Bildungsmöglichkeiten bietet Miniworld Rotterdam ein unvergessliches und bezauberndes Erlebnis für Besucher jeden Alters.

Miniworld Rotterdam bietet auch Szenen und Schauplätze, die von anderen niederländischen Städten und Regionen inspiriert sind und einen umfassenden Überblick über die kulturelle und geografische Vielfalt der Niederlande bieten. Besucher können Miniaturversionen berühmter niederländischer Wahrzeichen wie Windmühlen, Kanäle und historische Gebäude sowie moderne Entwicklungen wie Hochgeschwindigkeitszüge und nachhaltige Energieprojekte erkunden. Mit seiner Liebe zum Detail und seinem Engagement für Genauigkeit bietet Miniworld Rotterdam eine einzigartige und immersive Möglichkeit, die Schönheit und den Charme der Niederlande in Miniaturform zu erleben.

Egal, ob Sie die belebten Straßen der Witte de Withstraat erkunden oder die Miniaturwelt von Miniworld Rotterdam bestaunen, diese verborgenen Schätze bieten einen einzigartigen und unvergesslichen Einblick in die lebendige Kultur und Kreativität Rotterdams. Warum also nicht ausgetretene Pfade verlassen und die verborgenen Schätze dieser dynamischen niederländischen Stadt entdecken?

## Lokale Etikette und Bräuche

In Rotterdam, wie auch in vielen Teilen der Niederlande, kann das Verstehen und Respektieren der örtlichen Etikette und Bräuche Ihr Erlebnis erheblich verbessern und Ihnen dabei helfen, tiefer mit den Einheimischen in Kontakt zu treten. Hier sind einige wichtige Tipps, die Sie beachten sollten, damit Sie während Ihres Aufenthalts in Rotterdam entspannt und respektvoll mit sozialen Interaktionen umgehen können:

**Begrüßungsetikette:**
Wenn man jemanden in Rotterdam trifft, ist der Händedruck die häufigste Form der Begrüßung, insbesondere im formellen oder beruflichen Rahmen. Bei der Begrüßung ist es wichtig, direkten Blickkontakt zu halten und ein freundliches Lächeln zu schenken. Anders als in einigen Kulturen, in denen Wangenküsse üblich sind, ist dies in den Niederlanden weniger üblich, insbesondere unter Fremden oder im Geschäftsumfeld.

In informellen Situationen oder unter Freunden können Sie auch Küsse auf die Wange austauschen, wobei Sie normalerweise mit der rechten Wange beginnen und insgesamt drei Küsse geben. Es ist jedoch immer am besten, dem Beispiel der anderen Person zu folgen und den angemessenen Grad der Vertrautheit bei der Begrüßung zu bestimmen. Darüber hinaus wird es in der niederländischen Kultur als respektvoll angesehen, Personen mit ihren offiziellen Titeln (Herr, Frau usw.) anzusprechen, bis sie aufgefordert werden, Vornamen zu verwenden.

**Fahrradkultur:**
Rotterdam ist bekannt für seine Fahrradkultur mit speziellen Radwegen und einer Infrastruktur, die speziell auf Radfahrer ausgerichtet ist. Ein Fahrrad zu mieten oder die Bike-Sharing-Programme der Stadt zu nutzen, ist eine fantastische Möglichkeit, Rotterdam wie ein Einheimischer zu erkunden. Es ist jedoch wichtig, die Verkehrsregeln zu verstehen und einzuhalten, um Ihre Sicherheit und die Sicherheit anderer zu gewährleisten.

Fahren Sie beim Radfahren in Rotterdam nach Möglichkeit immer auf ausgewiesenen Radwegen und folgen Sie dem Verkehrsfluss. Stellen Sie sicher, dass Sie Ihre Absichten klar zum Ausdruck bringen, indem Sie Handzeichen verwenden, um Abbiegen oder Stopps anzuzeigen. Denken Sie daran, Fußgängern auf Zebrastreifen Vorrang zu geben, und lassen Sie beim Navigieren an Kreuzungen oder in belebten Bereichen Vorsicht walten. Außerdem ist es wichtig, dass Sie Ihr Fahrrad beim Abstellen sicher verschließen und ein stabiles Schloss verwenden, um Diebstahl vorzubeugen. Indem Sie die Fahrradkultur respektieren und etablierte Normen befolgen, können Sie die Freiheit und den Komfort des Radfahrens in Rotterdam genießen und gleichzeitig zu den nachhaltigen Verkehrsinitiativen der Stadt beitragen.

**Sprache und Kommunikation:**
Während in Rotterdam weithin Englisch gesprochen und verstanden wird, kann die Bemühung, ein paar grundlegende niederländische Sätze zu lernen, einen großen Beitrag zur Förderung positiver Interaktionen mit Einheimischen leisten. Einfache Begrüßungen wie „Hallo“ (Hallo) und „Goedemorgen“ (Guten Morgen) können Ihnen helfen, eine Beziehung aufzubauen und Respekt für die lokale Sprache und Kultur zu zeigen.

Bei Gesprächen ist es wichtig, einen höflichen und respektvollen Ton beizubehalten und konfrontative oder aggressive Sprache zu vermeiden. Der niederländische Kommunikationsstil ist in der Regel direkt und unkompliziert, wobei der Schwerpunkt auf Ehrlichkeit und Offenheit liegt. Seien Sie auf offenes Feedback oder konstruktive Kritik in beruflichen oder sozialen Situationen vorbereitet, da dies oft als Zeichen von Respekt und Integrität angesehen wird.

**Tischmanieren:**
Wenn man in Rotterdam auswärts speist, ist es üblich, bei der Ankunft im Restaurant darauf zu warten, dass der Gastgeber oder die Gastgeberin Platz nimmt. In ungezwungeneren Atmosphären oder beim Essen mit Freunden ist es üblich, dass die Gäste ihren Sitzplatz frei wählen. Wenn Sie zum Essen zu jemandem nach Hause eingeladen werden, ist es höflich, als Zeichen der Wertschätzung für die Gastfreundschaft ein kleines Geschenk wie Blumen oder Pralinen mitzubringen.

Während des Essens ist es üblich, die Hände sichtbar auf dem Tisch zu lassen und sie nicht in den Schoß zu legen. Es gilt auch als höflich, mit dem Essen zu warten, bis alle am Tisch bedient sind. Wenn Sie mit dem Essen fertig sind, legen Sie Messer und Gabel zusammen mit den Zinken nach oben auf den Teller, um anzuzeigen, dass Sie mit dem Essen fertig sind.

**Respekt vor dem persönlichen Freiraum:**
In der niederländischen Kultur, in der der Einzelne Wert auf Privatsphäre und Autonomie legt, ist die Achtung des persönlichen Freiraums und der Grenzen von wesentlicher Bedeutung. Vermeiden Sie es, zu nahe bei anderen zu stehen oder Körperkontakt aufzunehmen, es sei denn, Sie werden dazu aufgefordert. Es ist auch höflich, vor dem Fotografieren von Fremden oder deren Eigentum um Erlaubnis zu bitten, insbesondere in überfüllten oder touristischen Gegenden.

Achten Sie in sozialen Situationen auf die Lautstärke Ihrer Stimme und vermeiden Sie es, laut zu sprechen oder unnötige Störungen zu verursachen. Niederländer legen in der Regel Wert auf Ruhe und Harmonie in ihrer Umgebung, daher wird bei allen Interaktionen ein ruhiges und rücksichtsvolles Verhalten geschätzt.

Durch die Einhaltung dieser Etikette-Richtlinien und Bräuche können Sie während Ihres Aufenthalts in Rotterdam gesellschaftliche Interaktionen mit Selbstvertrauen und Respekt meistern. Ob Sie die

Einheimischen mit einem freundlichen Händedruck begrüßen, durch die malerischen Straßen der Stadt radeln oder eine Mahlzeit in einem lokalen Restaurant genießen – die Auseinandersetzung mit lokalen Bräuchen bereichert Ihr Erlebnis und fördert eine sinnvolle Verbindung mit den Menschen und der Kultur Rotterdams.

## Nachhaltige Reisepraktiken in Rotterdam

Rotterdam ist nicht nur eine pulsierende Stadt voller kultureller Genüsse, sondern auch ein Zentrum für Nachhaltigkeit und umweltbewusstes Leben. Indem Sie während Ihres Besuchs nachhaltige Reisepraktiken anwenden, können Sie Ihre Auswirkungen auf die Umwelt minimieren und zu Rotterdams Bemühungen um eine grünere Zukunft beitragen. Hier sind einige Tipps, die Ihnen helfen, nachhaltig in Rotterdam zu reisen:

**Öffentliche Verkehrsmittel:**
Das öffentliche Verkehrssystem Rotterdams ist eine der nachhaltigsten Möglichkeiten, die Stadt zu erkunden. Die Entscheidung für Straßenbahnen, Busse und U-Bahnlinien reduziert den CO2-Ausstoß und entlastet den Verkehr. Kaufen Sie eine OV-Chipkaart, eine wiederverwendbare Smartcard, die eine nahtlose Fahrt mit verschiedenen öffentlichen Verkehrsmitteln ermöglicht. Erwägen Sie außerdem die Nutzung des Bike-Sharing-Programms der Stadt, OV-fiets, oder die Anmietung eines Fahrrads, um Rotterdams

fahrradfreundliche Straßen und malerischen Wege zu erkunden. Radfahren verringert nicht nur Ihren CO2-Fußabdruck, sondern bietet auch eine intensive und angenehme Möglichkeit, die Stadt wie ein Einheimischer zu erleben.

**Umweltfreundliche Unterkunft:**
Wählen Sie Unterkunftsmöglichkeiten, bei denen Nachhaltigkeit und umweltbewusste Praktiken im Vordergrund stehen. Suchen Sie nach Hotels und Hostels mit grünen Zertifizierungen wie LEED oder Green Key, die ihr Engagement für Umweltverantwortung unter Beweis stellen. Umweltfreundliche Unterkünfte können energieeffiziente Maßnahmen wie LED-Beleuchtung, Sonnenkollektoren und Wasserarmaturen mit geringem Durchfluss implementieren, um den Ressourcenverbrauch zu minimieren. Einige Einrichtungen bieten auch Recyclingprogramme, Bio-Toilettenartikel und nachhaltige Lebensmitteloptionen von örtlichen Bauern und Produzenten an. Durch die Unterstützung umweltfreundlicher Unterkünfte können Sie Ihre Umweltbelastung reduzieren und gleichzeitig einen komfortablen und schuldfreien Aufenthalt in Rotterdam genießen.

**Unterstützen Sie lokale und nachhaltige Unternehmen:**
Die Unterstützung lokaler Unternehmen, die Wert auf Nachhaltigkeit legen, ist eine weitere Möglichkeit, in Rotterdam verantwortungsbewusst zu reisen. Suchen

Sie nach Restaurants, Cafés und Geschäften, die auf Zutaten aus der Region, Bio-Produkte und Fair-Trade-Praktiken Wert legen. Genießen Sie kulinarische Erlebnisse vom Bauernhof bis zum Tisch in Restaurants, die auf saisonale und regionale Zutaten Wert legen und so den mit dem Lebensmitteltransport verbundenen CO2-Fußabdruck reduzieren. Besuchen Sie umweltbewusste Geschäfte und Boutiquen, die nachhaltige und ethisch hergestellte Produkte anbieten, von Kleidung und Accessoires bis hin zu Haushaltswaren und Souvenirs. Indem Sie Unternehmen unterstützen, die nachhaltige Initiativen unterstützen, tragen Sie zur florierenden lokalen Wirtschaft Rotterdams bei und fördern gleichzeitig umweltfreundliche Praktiken.

**Abfall reduzieren:**

Die Minimierung von Abfall ist ein wesentlicher Aspekt nachhaltigen Reisens. Bringen Sie eine wiederverwendbare Wasserflasche mit und füllen Sie sie an Wasserbrunnen oder in Restaurants, die kostenloses Leitungswasser anbieten, wieder auf, um den Verbrauch von Einweg-Plastikflaschen zu reduzieren. Tragen Sie eine wiederverwendbare Einkaufstasche für Souvenirs und Lebensmittel und vermeiden Sie so den Einsatz von Einweg-Plastiktüten. Wenn Sie auswärts essen, entscheiden Sie sich für Restaurants, die Mahlzeiten auf wiederverwendbaren oder kompostierbaren Tellern und Utensilien servieren, oder bringen Sie Ihre eigenen wiederverwendbaren Behälter für Reste mit. Achten Sie auf Ihr Abfallaufkommen und bemühen Sie sich, die

Umwelt bei Ihrem Besuch in Rotterdam so wenig wie möglich zu belasten.

**Respektieren Sie Natur und Tierwelt:**
Rotterdam beherbergt wunderschöne Parks, Grünflächen und städtische Lebensräume für Wildtiere. Zeigen Sie Respekt vor der Natur und der Tierwelt, indem Sie auf ausgewiesenen Wegen bleiben, Müll vermeiden und auf die Fütterung von Wildtieren verzichten. Halten Sie den Lärmpegel auf ein Minimum, um Wildtiere und andere Parkbesucher nicht zu stören. Befolgen Sie beim Erkunden der Naturgebiete Rotterdams den Grundsatz „Hinterlasse keine Spuren", indem Sie den gesamten Müll wegpacken und die Umgebung so hinterlassen, wie Sie sie vorgefunden haben. Indem Sie die Naturschätze Rotterdams respektieren und schützen, können Sie zum Erhalt der städtischen Artenvielfalt und der Gesundheit des Ökosystems beitragen.

**Erfahren Sie mehr über nachhaltige Initiativen:**
Nutzen Sie die Gelegenheit, während Ihres Besuchs mehr über Rotterdams nachhaltige Initiativen und Umweltprojekte zu erfahren. Besuchen Sie umweltfreundliche Veranstaltungen, Workshops und Ausstellungen, die Nachhaltigkeitsbemühungen und innovative Lösungen für Umweltherausforderungen hervorheben. Besuchen Sie nachhaltige Wahrzeichen und Attraktionen wie grüne Gebäude, Stadtgärten und Anlagen für erneuerbare Energien, um Inspiration und Einblicke in nachhaltige Stadtentwicklungspraktiken zu

erhalten. Arbeiten Sie mit lokalen Organisationen und Gemeindegruppen zusammen, die sich für Umweltschutz und Nachhaltigkeit einsetzen, und erwägen Sie, Ihre Zeit oder Ressourcen ehrenamtlich zur Verfügung zu stellen, um ihre Bemühungen zu unterstützen. Indem Sie sich weiterbilden und sich aktiv an nachhaltigen Initiativen beteiligen, können Sie ein besser informierter und gewissenhafter Reisender in Rotterdam werden.

Printed in Poland
by Amazon Fulfillment
Poland Sp. z o.o., Wrocław

37717253R00077